MedR Schriftenreihe Medizinrecht

Springer
Berlin
Heidelberg
New York
Barcelona
Budapest
Hongkong
London
Mailand
Paris
Santa Clara
Singapur
Tokio

Gert Carstensen · Klaus Ulsenheimer
(Hrsg.)

Ambulantes Operieren - Vernetzung der Dienste

Medizinrechtliche Aspekte

Mit 4 Abbildungen
und 13 Tabellen

Springer

Professor Dr. med. Gert Carstensen
Bleichstraße 5
D-45468 Mülheim a. d. Ruhr

RA Professor Dr. jur. Dr. rer. pol. Klaus Ulsenheimer
Maximiliansplatz 12/IV
D-80333 München

Die Deutsche Bibliothek - CIP-Einheitsaufnahme

Ambulantes Operieren - Vernetzung der Dienste : medizinrechtliche Aspekte ; mit 13 Tabellen / Gerd Carstensen ; Klaus Ulsenheimer (Hrsg.). - Berlin ; Heidelberg ; New York ; Barcelona ; Budapest ; Hongkong ; London ; Mailand ; Paris ; Santa Clara ; Singapur ; Tokio : Springer, 1997
(MedR, Schriftenreihe Medizinrecht)
ISBN-13:978-3-540-61874-4 e-ISBN-13:978-3-642-60596-3

NE: Carstensen, Gerd [Hrsg.]

ISBN-13:978-3-540-61874-4 e-ISBN-13:978-3-642-60596-3
DOI: 10.1007/978-3-642-60596-3

Springer-Verlag Berlin Heidelberg New York

Umschlaggestaltung: Erich Kirchner, Heidelberg
SPIN 10519182 64/2202-5 4 3 2 1 0 - Gedruckt auf säurefreiem Papier

Geleitwort

Drei unterschiedliche Symposien haben sich in diesem Jahr mit Aspekten der Organisationsfrage des ambulanten Operierens beschäftigt. Im Mittelpunkt stand einerseits die Einbindung der Qualitätssicherung in der Arbeitssituation der ambulant operierenden Chirurgen und andererseits die Kooperationsmöglichkeiten und zukunftsweisenden Perspektiven der Klinik-ambulanten und Praxis-ambulanten Operationen.

Im Gegensatz zu dem 1994 erschienenen Band in der Schriftenreihe Medizinrecht behandelt das vorliegende Buch hauptsächlich die kooperative Vernetzung der Dienste und die Möglichkeiten neuer praktikabler Formen der Zusammenarbeit von Hausarzt, ambulant tätigem Chirurg, Pflegedienst sowie häuslicher Pflege. Es beleuchtet zusätzlich die Entwicklung des ambulanten Operierens und die rechtliche Verantwortung im operativen und pflegerischen Bereich sowie versicherungsrechtliche und wirtschaftliche Aspekte.

Viele operative Einheiten werden deshalb in Zukunft nach neuen Kooperationsformen suchen, die für alle Beteiligten das ambulante Operieren fachlich qualitativ und auch kostengünstig ermöglichen.

Auf Probleme, aber auch auf Lösungsmöglichkeiten soll in diesem Band hingeweisen werden. Kooperation zwischen Praxis, Krankenhaus und Pflege wird ambulante Operationen zum Vorteil für die Patienten ermöglichen.

Klaus Doench im Oktober 1996

Vorwort

Ambulantes Operieren hat an Häufigkeit und Umfang zugenommen und zwar nicht nur in Operations-, sondern auch in Gerichtssälen. Die ambulante Tätigkeit gründet sich auf andere Bedingungen und Voraussetzungen als der klinische Betrieb, dessen sollte sich der ambulant tätige Chirurg bewußt sein und auf dieser Basis die Grenze der zu verantwortenden Tätigkeit nach persönlichem Ermessen festlegen. Ein besonderes Gewicht erhält gerade bei der ambulanten Chirurgie die Nachsorge, die vom Operateur in ausreichendem Maße zu beachten ist, um den Patienten nicht zu gefährden. Bisher vorliegende Erfahrungen sind in dieser Monographie dargestellt worden, um aus Fehlern zu lernen und Gefahren zu verhüten. In diesem Sinne wendet sich die Monographie an ambulant tätige Chirurgen, dessen nicht leichte Arbeit Unterstützung verdient. Gleichzeitig soll sie die notwendige Kooperation zwischen Praxis, Klinik und häuslicher Pflege stärken.

Gert Carstensen im Oktober 1996

Inhaltsverzeichnis

Interviews

Stellenwert des ambulanten Operierens in einer Universitätsklinik

Brunhilde Seidel-Kwem

A. Einleitung

Nach einer Repräsentativerhebung des deutschen Krankenhausinstituts e.V., Infratest Epidemiologie und Gesundheitsforschung sowie des Zentralinstituts für die Kassenärztliche Versorgung haben bis Ende 1994 28% aller Krankenhäuser mit dem ambulanten Operieren im Sinne der vertraglichen Regelungen zu § 115 SGB begonnen. Allerdings belief sich danach der geschätzte Gesamtumsatz aller Krankenhäuser z.B. für das 4. Quartal 1994 auf nur rd. 4,46 Mio. DM.

Das Klinikum der Georg-August-Universität Göttingen gehört nicht zur Gruppe ambulant operierender Krankenhäuser und beabsichtigt derzeit nicht, sich dieser Gruppe, die mittlerweile weiter gewachsen sein dürfte, anzuschließen. Zur Klarstellung sei angemerkt, daß in der Vergangenheit wie auch heute in den chirurgischen Disziplinen Patienten ambulant operiert werden. Die folgenden Aussagen beziehen sich nur auf ambulante Operationen im Sinne der dreiseitigen Verträge auf der Basis des GSG 1992. In dieser Hinsicht hat das Universitätsklinikum natürlich keine Sonderrolle: Schon vor „Einführung" des ambulanten Operierens wurde in Kassenarztpraxen und von Krankenhausärzten ambulant operiert.

B. Beschränkung auf die Kernkompetenz als Unternehmensstrategie für das ambulante Operieren

Der mit der Entscheidung des Universitätsklinikums dokumentierte geringe Stellenwert des ambulanten Operierens kann als Festlegung einer Unternehmensstrategie betrachtet werden, die sich mit „Beschränkung auf die Kernkompetenz" beschreiben läßt. Das Geschäftsfeld eines Universitätsklinikums ergibt sich durch seine Ziele und Aufgaben, die das niedersächsische Hochschulgesetz mit Forschung, Lehre, Krankenversorgung und Weiterbildung benennt. Der Stellenwert des ambulanten Operierens zeigt sich darin, in welcher Weise es zur Zielerreichung in diesen Geschäftsfeldern beiträgt.

Die Haltungen der einzelnen Fachdisziplinen des Universitätsklinikums geben derzeit keinen Hinweis darauf, daß ambulantes Operieren aus medizinisch-wissenschaftlicher Sicht - außerhalb des Themas Qualitätssicherung, das als Begleitforschung gut besetzt sein dürfte - , unverzichtbarer Bestandteil wichtiger Forschungskonzeptionen ist. Dabei muß jedoch offen bleiben, ob sich aus der Existenz einer Einrichtung für ambulantes Operieren neue, interessante wissenschaftliche Fragestellungen erst ergeben.

Auch aus dem Bedarf an geeigneten Patienten für die studentische Ausbildung läßt sich nach dem Stand der Erörterung ebenfalls kein absolut zwingendes Argument herleiten, dem Spektrum der Geschäftsfelder des Universitätsklinikums das ambulante Operieren anzugliedern. Zwar dürfte die neue Approbationsordnung die Organisation des Unterrichts am Patienten komplizieren, es bleibt jedoch abzuwarten, ob die beschränkte Zahl an ambulant zu operierenden Patienten hier wirklich in relevantem Umfang zur Engpaßbeseitigung beitragen könnte.

Im folgenden ist der Stellenwert des ambulanten Operierens für den Krankenversorgungsauftrag des Universitätsklinikums zu beleuchten. Zwar gilt das Prinzip, daß ein Universitätsklinikum Krankenversorgung zur Erfüllung seines akademischen Auftrags betreibt und dieser damit die Grenze setzt, - wie z.B. der Wissenschaftsrat nicht müde wird zu betonen. Dennoch kann in der Realität davon ausgegangen werden, daß sich je nach Standort ein eigenständiger Krankenversorgungsauftrag herausgebildet hat. Für das Universitätsklinikum Göttingen gilt dieses in besonderem Maße, weil es das einzige Krankenhaus der Maximalversorgung in der Region ist, und wegen des Fehlens z.B. eines großen kommunalen Hauses in verschiedenen Disziplinen Aufgaben anderer Versorgungsstufen mit zu erfüllen hat. Auch die poliklinische Versorgung, die ja ihre Legitimation im Sozialgesetzbuch und ihre Beschränkung im "für Forschung und Lehre notwendigen Umfang" findet, dürfte in der Realität Versorgungselemente beinhalten.

Ambulantes Operieren könnte daher unbeschadet der weiteren Erörterung seinen Platz im Krankenversorgungsauftrag des Universitätsklinikums, sozusagen eingebettet zwischen poliklinischer und stationärer Versorgung, finden, wenn man das Interesse der Patienten an einem vollständigen und einheitlichen Angebot in den Vordergrund stellt. Das Universitätsklinikum wäre hierfür im übrigen eher prädestiniert als andere Krankenhäuser: Zwar darf der Patient ohne Einweisung direkt zur ambulanten Operation erscheinen, in der Realität müssen den Eingriffen jedoch mehr oder weniger umfangreiche Vorklärungen vorausgehen, die in anderen Krankenhäusern entweder in der kassenärztlichen Versorgung stattfinden oder bei denen das Krankenhaus auf eine bestehende Ermächtigungsambulanz eines Krankenhausarztes angewiesen ist. Zudem ist sehr sorgfältig die Nachsorgesituation abzuklären. Diese Fragestellungen lassen sich im Rahmen poliklinischer Versorgung, zu der das Universitätsklinikum in beschränktem Umfang zugelassen ist, sicher einfacher organisieren. Da der Gesetzgeber ambulantes Operieren abgesehen von Qualitätssicherungsgeboten weder einem besonderen Zulassungsverfahren noch einer Bedarfsprüfung unterwirft, gilt hier auch für ein Universitätsklinikum kein Subsidiaritätsgebot etwa im Verhältnis zur kassenärztlichen Versorgung, allerdings auch keine Sicherstellungsverpflichtung.

In medizinisch-fachlicher Sichtweise sollten keine Zweifel daran bestehen, daß ambulantes Operieren zur Kernkompetenz einer Universitätsklinik gehören kann. Man darf schnelle Versorgungsmöglichkeiten bei möglichen Komplikationen, einfache Konsultationen anderer Fächer und einen adäquaten Gerätepark erwarten. Dennoch muß ambulantes

Operieren nicht zwangsläufig als neues Geschäftsfeld in eine Universitätsklinik aufgenommen werden, wenn sich diese Strategie, wie noch zu diskutieren sein wird, aus anderen Gründen als nicht vorteilhaft erweist.

In den Kernkompetenzbereich eines Universitätsklinikums fällt - wenn auch vor allem von der Finanzierungsseite, seien es die Krankenkassen oder der Träger, etwas unwillig und eher scheel angesehen - die (ärztliche) Weiterbildung. Sie stellt keineswegs eine Exklusivverpflichtung der Universitätskliniken dar. Aber auch wenn man das Weiterbildungsangebot „nur" als Mittel zum Zweck der Gewinnung geeigneten Personals oder als elegante Möglichkeit zur Befristung von Arbeitsverhältnissen sieht, um die vor allem für die Wissenschaft unabdingbare Fluktuation zu sichern, so kann es auch und gerade für ein Universitätsklinikum doch ein wichtiger Grund sein, ambulantes Operieren in den Kernkompetenzbereich aufzunehmen. Wenn der Anspruch besteht, eine vollständige Assistentenausbildung zu gewährleisten, muß darauf geachtet werden, daß mit dem Verzicht auf die Durchführung ambulanten Operierens im Sinne der vertraglichen Regelungen nicht auch ganze Leistungskomplexe in der Weiterbildung der Ärzte in den chirurgischen Disziplinen ausgelagert werden. Andererseits sind ambulantes Operieren und ärztliche Weiterbildung auf ganz andere, negative Weise miteinander verknüpft. Der sog. „Facharztstandard" schreibt nach § 13 des dreiseitigen Vertrages zum ambulanten Operieren vor, daß die Operation nur vom Facharzt, unter Assistenz von Fachärzten oder unter deren unmittelbarer Aufsicht durchzuführen ist. Eine solche Regelung erschwert in einem Universitätsklinikum, das aus verschiedenen bereits erwähnten Gründen bestrebt ist, den Anteil von Ärzten in der Weiterbildung hoch zu halten, die Organisation der Leistungserbringung erheblich und verteuert sie dadurch nicht unbeträchtlich.

Als Zwischenresumée läßt sich festhalten: Ambulantes Operieren kann im Grundsatz unter medizinisch-fachlichen Gesichtspunkten im Kernkompetenzbereich einer Universitätsklinik seinen Platz finden, wenngleich, gemessen an der Aufgabenstellung und den Zielen der Stellenwert nicht in der obersten Kategorie der Prioritäten anzusetzen ist.

C. Ambulantes Operieren als neues Geschäftsfeld in einem Universitätsklinikum

Es ist jedoch zu fragen, ob sich ambulantes Operieren gemessen an den vertraglichen Regelungen einschließlich der Vergütungsregelung und den Erfahrungen der Krankenhäuser mit dieser neuen Behandlungsform wirklich problemlos in den Kernkompetenzbereich eines Universitätsklinikums integrieren läßt.

Eigene Überlegungen und Erprobungen im Universitätsklinikum wie auch Erfahrungsberichte anderer Krankenhäuser deuten darauf hin, daß es bei mehr als geringfügigem Patientenaufkommen erforderlich wird, eine zentrale Einheit für die Unterbringung, Überwachung und Betreuung der ambulant zu operierenden Patienten einzurichten, und nur die OP-Säle mitzunutzen. Die Gründe liegen hier in dem andersartigen und zwischen den chirurgischen Disziplinen, der Anästhesie und dem Pflegedienst exakt abzustimmenden Tagesablauf. Die schlichte Mitnutzung vorhandener stationärer oder poliklinischer Räume erscheint weniger geeignet. So sind einerseits neue Wege der Kooperation unter den verschiedenen chirurgischen Disziplinen und der Anästhesie zu finden. Auch der Pflegedienst sieht sich neuen Herausforderungen gegenüber, da operierte Patienten sehr verschiedener Disziplinen zu pflegen sind, so daß hier eine sehr spezifische Kompetenz erworben werden muß. Allerdings dürfte eine solche zentrale Einheit für ambulantes Operieren wegen der Dienstorganisation - kein Nacht- und Wochenenddienst - besonders attraktiv sein.

Nicht zuletzt macht die Abrechnungsform, Einzelleistungsabrechnung auf EBM-Basis, das ambulante Operieren für eine Universitätsklinik, die hauptsächlich die stationäre Abrechnung nach Abteilungspflegesätzen, Sonderentgelten und Fallpauschalen und die poliklinische Abrechnung mit Pauschalen pro Behandlungsschein kennt, zu einem neuen Geschäftsfeld in der Gewinn- und Verlustrechnung, das eigenständige Aufwands- und Ertragskalkulationen nach sich zieht. Ambulantes Operieren wird zu einer Besonderheit, die sich zwar unter fachlichen, nicht aber unter räumlichen und organisatorischen Gesichtspunkten in den Kernkompetenzbereich eingliedern läßt. Es ist daher zu prüfen, welchen Stellenwert ambulantes Operieren in einer alternativen Unternehmensstrategie, nämlich der Diversifizierung, in der Universitätsklinik einnimmt.

D. Ambulantes Operieren als Diversifizierungsstrategie zur Risikobegrenzung

Die Reformbemühungen im Gesundheitswesen tragen häufig das Etikett „mehr Wettbewerb unter den Leistungserbringern". Im Krankenhaussektor führt dies zur Empfehlung zu prüfen, ob sich das jeweilige Haus angesichts seiner individuellen Wettbewerbssituation neue Geschäftsfelder wie Rehabilitations- und Pflegeeinrichtungen erschließen will, um Umsatz- und Verlustrisiken im bisherigen Kerngeschäft, der stationären Akutbehandlung, zu vermeiden oder auszugleichen oder sich damit vor anderen profitable und zukunftsträchtige Geschäftsfelder zu sichern - eine klassische Managementstrategie, mit der allerdings auch in der Privatwirtschaft viele große Namen große Pleiten erlebt haben. Offensichtlich hat sich der Gesetzgeber von solchen Grundüberlegungen kostendämpfende Wirkungen versprochen und mit dem ambulanten Operieren mehr Wettbewerb zugelassen. Bisher vollstationär im Krankenhaus durchgeführte Operationen können nunmehr in der Kassenarztpraxis oder ambulant im Krankenhaus erbracht werden. Andererseits hat er es dem Krankenhaus freigestellt, bislang schon ambulant in der Kassenarztpraxis erbrachte Leistungen unter Nutzung vorhandener Kapazitäten nunmehr selbst durchzuführen. Wahrscheinlich wird der Gesetzgeber schon vermutet haben, daß seine Rechnung, den Leistungserbringern neue Geschäftsfelder zu eröffnen und dabei insgesamt weniger Kosten zu produzieren, angesichts des einzelwirtschaftlichen Kalküls der Leistungserbringer nicht ganz realitätsbezogen ist, so daß er gewissermaßen als Notbremse einen neuen Topf mit Deckel erfand und so sicherstellte, daß sich offenkundig wenig attraktive Vergütungen daraus entnehmen ließen.

In einem solchen Umfeld war und ist - schließlich ist ein Einstieg in das ambulante Operieren weiterhin jederzeit möglich - für das Universitätsklinikum zu prüfen, ob es sich dieses neue Geschäftsfeld als

Diversifizierungsstrategie zumindest zur Risikobegrenzung in einer geänderten Wettbewerbssituation erschließt. Als Risikofaktoren, die in einer weniger defensiven Sicht natürlich auch stets als Chancen begriffen werden können, sind zu betrachten: Rekrutierung von Patienten und Personal, die Kapazitätsauslastung, Wettbewerbsvor- und -nachteile sowie Konsequenzen für das wirtschaftliche Ergebnis.

Ob Patienten, die für Fragen der klinischen Forschung oder für die studentische Ausbildung von Bedeutung sind, abwandern, wird von zwei Faktoren bestimmt: Dem Angebot an ambulanten Operationsmöglichkeiten andernorts und dem Zwang, Operationsleistungen ambulant zu erbringen. Der Einfluß, den das Angebot an ambulanten Operationen in der Region in einzelnen Disziplinen und Leistungskomplexen hat, ist nicht zu verkennen. Dabei darf jedoch nicht übersehen werden, daß auch ein Universitätsklinikum mit seinem breiten Fächerangebot innerhalb der Fächer jeweils Schwerpunktsetzungen erfährt, und die Vorstellung eines quantitativen und qualitativen Komplettangebots stets illusionär war. Auch bislang waren einzelne Spezialgebiete nicht oder nur schwach vertreten. In dieser Sicht bringt das ambulante Operieren keine grunsätzlich neuen Risiken für die Patientenrekrutierung unter Wettbewerbsgesichtspunkten. Als neuer Aspekt - in der Realität bislang jedoch kaum erfahrbar - könnte sich die Leistungslenkung durch die Kostenträger bemerkbar machen. Die Regelungen zum ambulanten Operieren stehen schließlich unter dem Motto „soviel ambulant wie möglich, sowenig stationär wie nötig". Aus dieser Richtung kann künftig durchaus mehr Druck erwartet werden, der zumindest zustätzliche Begründungszwänge nach sich zieht, und erneut die Frage auf den Tisch legt, in Abwägung aller Vor- und Nachteile auf die stationäre Behandlung solcher Patientengruppen zu verzichten oder ambulantes Operieren eben doch in das Leistungsprogramm aufzunehmen.

Auch hinsichtlich der Rekrutierungsprobleme beim Personal ist die Zukunftsentwicklung schwer abzuschätzen. Rekrutierungsprobleme beim Pflegepersonal, die über neue Arbeitszeitmodelle beim ambulanten Operieren gelöst werden müßten, gibt es derzeit nicht. Hinsichtlich der Gewinnung qualifizierten ärztlichen Nachwuchses gilt schon jetzt, daß in einzelnen Gebieten ein Komplettangebot in der Weiterbildung nur durch Kooperation mit anderen Krankenhäusern oder Kassenarztpraxen erzielt werden kann. Weitere Erschwernisse durch die Abwanderung bestimmter Patientengruppen in Einrichtungen, die ambulante Operationen anbieten, sind nicht auszuschließen. Hier muß jedoch die Arbeitsmarktentwicklung für junge Mediziner mit ihrer gegenläufigen Tendenz beachtet werden.

Vom ambulanten Operieren war angekündigt, daß nunmehr in großem Stil stationäre Behandlungskapazitäten zugunsten ambulanter freigesetzt würden. Ein einzelner Leistungserbringer, also auch ein Universitätsklinikum, tut dies freiwillig im Sinne einer Entscheidung über die Unternehmensstrategie nur dann, wenn es sich lohnt. Dazu sind folgende Voraussetzungen zu erfüllen: Es müssen freie stationäre Behandlungskapazitäten entstehen oder vorhanden sein; die Finanzierung notwendiger Umbauten muß realisierbar sein; die finanziellen Ergebnisse müssen günstiger sein als bei einer vollständigeren Nutzung für stationäre Behandlung. Diese Bedingungen sind am Universitätsklinikum nicht erfüllt. Natürlich läßt sich darüber spekulieren, wie lange dies noch gilt, schließlich kann auch ein Universitätsklinikum sich nicht völlig von Außeneinflüssen abkoppeln. Derzeit käme ambulantes Operieren nur dann als Diversifizierungsstrategie in Frage, wenn es möglich wäre, diese separat zu etablieren und sie sich finanziell separat tragen würde. Der Tenor der veröffentlichten Einschätzungen sowohl aus dem kassenärztlichen wie aus dem Krankenhaussektor läßt dies unwahrscheinlich sein.

Eine Reihe von Krankenhäusern verfolgt sehr deutlich Diversifizierungsstrategien bis hin zu dem Konzept „vollintegrierter Gesundheitsdienstleistungen". Ein solches Konzept entfaltet aus Marketingsicht völlig andere Bindungswirkungen zum Kunden als die Unternehmensstrategie eines Universitätsklinikums mit seiner Beschränkung auf den Kernkompetenzbereich, also gewissermaßen ein „shop-in-the-shop"-Konzept, mit einem Reigen spezialisierter Kliniken unter einem Dach, aber in deutlicher Abgrenzung zu anderen Leistungsbereichen wie Reha, Altenpflege, Hospizeinrichtungen u.ä.. Ein Universitätsklinikum wird aus Patientensicht identifiziert mit vollstationärem, hochtechnisiertem Betrieb, wohingegen ambulantes Operieren Patientenorientierung, kurze Wartezeiten und effizientes Zeitmanagement in einer überschaubaren Einheit signalisiert. Der Werbeaspekt ist nicht zu unterschätzen. Er kann zu deutlichen Wettbewerbsnachteilen führen, wenn Patienten dem Haus auch in anderen Sektoren, insbesondere der stationären Behandlung verloren gehen. Allerdings dürfte es auch Patientengruppen geben, die aus unterschiedlichen Gründen eine vollstationäre Behandlung in der Nachsorgephase von sich aus bevorzugen.

Gibt es wirtschaftliche Gründe, ambulantes Operieren als Diversifizierungsstrategie in einem Universitätsklinikum einzusetzen? Die Vergütungsregelungen sahen in der Phase der Deckelung, die für die meisten Krankenhäuser bis zum Ende des letzten Jahres dauerte, eine Ausgliederung der Erlöse für ambulantes Operieren aus dem stationären Budget vor. Ein Krankenhaus zieht Gewinn aus dem ambulanten Operieren, wenn die Differenz der Erlöse aus dem ambulanten Operieren und dem aus dem stationären Bereich auszugliedernden Finanzvolumen größer ist als die zusätzlichen Kosten für Einrichtung und Betrieb des ambulanten Operierens. Diese Regelung ermöglicht im übrigen, auf die volle Kostendeckung zu verzichten, ohne Verluste zu machen, da diese aus dem stationären Budget subventioniert werden können. Ein Problem besteht jedoch: Die sog. Erlösausgliederung galt für den Zeitraum der Deckelung der stationären Budgets, der nunmehr durch das soeben verabschiedete Krankenhausstabilisierungsgesetz um zunächst ein Jahr unter verschärften Bedingungen verlängert wurde. Sie muß als Übergangsregelung verstanden werden, die das wirtschaftliche Risiko begrenzen und damit Anreize, in das ambulante Operieren einzusteigen, schaffen sollte. Danach gilt: die stationären Budgets sind von allen Kosten freizuhalten, die nicht der stationären Versorgung dienen. Das ambulante Operieren muß sich also sein Geld selbst verdienen.

Berücksichtigt man dabei, daß zu den Kosten des ambulanten Operierens auch alle Infrastrukturkosten gehören, die gemeinsam mit den direkt zuzuordnenden Kosten des ambulanten Operierens nach den Regelungen zur Krankenhausfinanzierung auf einer modifizierten Vollkostenbasis auszugliedern sind, muß befürchtet werden, daß in einem Universitätsklinikum sich hier die gleichen Probleme zeigen, wie in der Defizitdeckung für die ambulante poliklinische Behandlung. Vergütungsregelungen auf EBM-Grundlage stellen eben auf die Praxiskosten ab. Ambulantes Operieren orientiert sich in einer Universitätsklinik bei den Personalkosten für die Durchführung des Eingriffs und in der sonstigen ärztlichen und pflegerischen Betreuung am Standard vergleichbarer vollstationärer Leistungen. Es entfallen in dieser Sichtweise nur die Kosten des Nachtdienstes und der Bereitschaftsdienste sowie die Verpflegung und ein wenig medizinischer Sachbedarf. Das ist zuwenig, um im ambulanten Operieren eine Diversifizierungsstrategie zur Konsolidierung des wirtschaftlichen Ergebnisses zu sehen.

E. Ergebnisse

Die Aufgabenstellung einer Universitätsklinik legt zunächst eine Beschränkung auf den Kernkompetenzbereich von Forschung, Lehre, Krankenversorgung und Weiterbildung nahe. Ambulantes Operieren hat hier unter fachlichen Gesichtspunkten sehr wohl seinen, wenn auch nicht prominenten Platz. Unter organisatorischen und finanziellen Gesichtspunkten muß es als ein besonderes Geschäftsfeld angesehen werden, das im Rahmen einer Diversifizierungsstrategie etabliert werden kann. Die Anforderungen an die räumlichen Ressourcen und die Organisationserfordernisse lassen angesichts der bescheidenen wirtschaftlichen Perspektiven für eine Universitätsklinik diese Strategie nicht sehr attraktiv erscheinen. Es gilt eher das Motto „sowenig ambulant wie möglich“. Aus übergeordneter Perspektive erscheint ambulantes Operieren ein geeignetes Geschäftsfeld für Praxiskliniken, entsprechend spezialisierte Kassenarztpraxen und solche Krankenhäuser, die ihre geschäftspolitischen Aktivitäten darauf konzentrieren. Schließlich heißt Verzahnung zwischen stationärer und ambulanter Versorgung nicht „jeder macht alles“, sondern Arbeitsteiligkeit, wo eine besondere Expertise vorhanden ist.

Ambulantes Operieren in der Tagesklinik

Michael Edelmann

Vor dem Hintergrund der sogenannten Kostenexplosion im Gesundheitswesen werden laufend neue Sparpakete auf den Markt gebracht. Hierbei werden nicht selten auch bewährte Strukturen unbegründet in Frage gestellt.

In den Diskussionen und Auseinandersetzungen um die Frage, wie letztlich die Leistungsfähigkeit unseres momentan gegliederten Gesundheitssystems, angepaßt an den medizinischen Fortschritt, finanziert werden kann, wird das Thema „Ambulantes Operieren" häufig angesprochen und zum Teil sehr kontrovers beurteilt. Wegen der engen Verknüpfung von medizinischen, organisatorisch-strukturellen, rechtlichen und nicht zuletzt auch ökonomischen Aspekten wird ambulantes Operieren in den Erörterungen geradezu als Reizwort gern beispielhaft aufgegriffen. Je nach Interessenlage und Tätigkeitsbereich der an dieser Diskussion Beteiligten aus Politik, Krankenkassen, Krankenhäusern, kassenärztlichen Vereinigungen, Kassenärzten und deren Fachverbänden werden die obengenannten Faktoren, die in ihrer Gesamtheit die Qualität der zu erbringenden Leistung, nämlich das Operationsergebnis, wesentlich beeinflussen, unterschiedlich gewichtet.

Ambulantes Operieren bedeutet unter anderem nach Empfehlung der Bundesärztekammer: „Operationen an geeigneten Patienten, die vor und nach dem Eingriff zu Hause verbleiben". Diese Vorgaben haben Konsequenzen.

Für den Arzt (Operateur) hat dies zur Folge, daß nicht jeder Patient ambulant operiert werden kann. Der Patient muß nach seinem individuellen klinischen Zustand ausgewählt werden. Dabei muß sichergestellt werden, daß er ausreichend belastungsfähig ist, hinreichende Kooperationsfähigkeit aufweist und daß bei ihm keine besonderen Risiken vorliegen, die notwendigerweise eine postoperative stationäre Nachsorge erforderlich machen. Außer diesen individuellen Faktoren muß in jedem Falle vor dem Eingriff das soziale Umfeld eruiert werden. Dabei ist zu klären, daß der Arzt in einer zumutbaren Weise postoperativ für den Patienten erreichbar ist (telefonisch und verkehrstechnisch). Zusätzlich sollte sichergestellt werden, daß eine mögliche Versorgung in der ersten postoperativen Nacht durch z.B. Angehörige besteht. Dies ist zumeist eine wichtige psychologische Hilfe, da die Patienten für den entscheidenden Abschnitt nach der Operation entsprechende schriftliche Informationen mitbekommen.

Hinsichtlich der Anforderungen an die den Eingriff ausführenden Institutionen sind natürlich die heute geforderten räumlich-hygienischen Voraussetzungen zu schaffen. Ambulantes Operieren ist keine „Küchentisch-Chirurgie". Neben diesen den Eingriff betreffenden Voraussetzungen sollten Aufenthaltsräume mit entsprechendem Ambiente vorgehalten werden, sowohl für den Patienten als auch für seine Angehörigen.

Durch den Zusammenschluß mehrerer operativ tätiger Ärzte - wie schon vielerorts geschehen - in Operationszentren und Tageskliniken, kann dieser notwendige qualitativ hochwertige Standard effizient und wirtschaftlich erreicht werden. Langjährig erfahrene Fachärzte sichern in der Ausführung der Wahleingriffe eine hohe Operationsqualität.

Nach der Befunderhebung und Beratung durch den Hausarzt bzw. Facharzt hat der Patient die Möglichkeit zu wählen, ob er den Eingriff im Krankenhaus (ambulantes Operieren gem. § 115b SGB V) oder in der Facharztpraxis / Tagesklinik durchführen lassen möchte.

Die Verantwortlichkeiten beim ambulanten Operieren stellen sich für Krankenhaus und Praxis/Tagesklinik unterschiedlich dar:

Im **Krankenhaus** ist die ambulante Operation eine Institutsleistung. Der sich dort vorstellende Patient wird von einem Arzt der entsprechenden Abteilung hinsichtlich der Indikation zum Eingriff, der notwendigen präoperativen Maßnahmen und auch der Aufklärung gesehen und beraten. Dieser Arzt ist jedoch in vielen Fällen nicht gleichzeitig auch der Operateur. Die Problematik setzt sich auch nach dem Eingriff fort, da der Patient nach der Operation mit einem entsprechenden Befundbericht entlassen und vom niedergelassenen Haus- bzw. Facharzt weiterbetreut wird. Hierin zeigt sich beim ambulanten Operieren im Krankenhaus eine gesplittete Verantwortlichkeit beginnend bei der Überprüfung der Indikation, der Aufklärung, dem Eingriff und schließlich bei der Nachsorge.

In der **Tagesklinik** erfolgt die Überprüfung der Indikation, die Aufklärung und auch die Operation durch ein und denselben Facharzt (Vertragsarzt). In sehr vielen Fällen ist dieser auch für die postoperative Phase zuständig, zumindest in der ersten Zeit der Nachsorge. Im Gegensatz zum ambulanten Operieren im Krankenhaus besteht in der Tagesklinik/ Facharztpraxis eine ununterbrochene Verantwortlichkeit. Die „Personalunion" von indikationsstellendem Arzt, Operateur und nachsorgendem Arzt stellt hier eine umfassende Beurteilung des zu operierenden Patienten hinsichtlich seines individuellen Zustandes als auch seines sozialen Umfeldes sicher. Hierdurch wird ein hoher Grad an Vertrauen und Akzeptanz beim Patienten erreicht und aufgrund der überschaubaren Strukturen eine für den Patienten persönlichere Atmosphäre geschaffen.

Durch diese in sich geschlossene Form der Behandlung in der Tagesklinik bietet das ambulante Operieren ein hohes Maß an Struktur- und Ergebnisqualität.

Medizinsche Begutachtung im Prozeß
Die tiefe Beinvenenthrombose - klinische und forensische Bedeutung

Gert Carstensen

Ambulantes Operieren ist mit Hypotheken belastet, die dem Chirurgen bewußt sein sollten. Die ambulante Tätigkeit gründet sich auf andere Bedingungen und Voraussetzungen als der klinische Betrieb. Es empfiehlt sich, die ambulante Chirurgie behutsam sowie stufenweise aufzubauen und die Grenze der zu verantwortenden Tätigkeit jeweils nach persönlichem Ermessen auf dem Boden der Verantwortung festzulegen. Dieser Rat ergibt sich aus forensischer Sicht.

Ambulantes Operieren hat an Häufigkeit und Umfang zugenommen, und es ist hinzuzufügen, nicht nur in Operations-, sondern auch in Gerichtssälen. Ein operatives Mißgeschick kann sich unverschuldet oder fahrlässig ereignen. Es ist dann zu prüfen, ob ein Behandlungsfehler vorzuwerfen oder abzulehnen ist.

Ausgewertet wurden Vorgänge der Gutachterkommission für ärztliche Behandlungsfehler bei der Ärztekammer Nordrhein sowie von Gerichten und Staatsanwaltschaften. Die Gutachterkommission Nordrhein erhielt vom 1.12.1975 bis 30.4.1986 16.022 Eingänge mit Patientenvorwürfen. Davon entfielen wegen Einstellungen 1.492 und wegen Unzuständigkeiten 2.008 Verfahren. 558 Anträge wurden zurückgenommen. Es ergingen 10.412 Bescheide, die 3.221 Behandlungsfehler enthielten; die Quote beträgt für den gesamten Zeitraum 30,94% - in den ersten Jahren wurden Aufklärungsvorwürfe nicht bearbeitet -, für das Jahr 1995 allein jedoch 38,60% und für das laufende Jahr 37,87%. Diese Quote verhält sich bei den anderen Gutachterkommissionen und Schlichtungsstellen im Bundesgebiet ähnlich, rund ein Drittel der Anträge wird mit einem Behandlungsfehlervorwurf beschieden (Tab. 1).

Die in der ambulanten Chirurgie zu beurteilenden Verfahren stammen überwiegend aus folgenden Bereichen:

1. Krampfader-Operationen
2. Leistenbruch-Operationen
3. Operationen an den unteren Extremitäten
4. laparoskopische Operationen
5. tiefe Venenthrombosen

Hierzu einige Beispiele:

1. Eine 61jährige Patientin litt an einer Stammvaricosis der Vena saphena magna rechts im Stadium II-IV. Vorgesehen waren eine Crossektomie und Saphenektomie. Bei der Präparation der rechten Leistenbeuge kam es zu einer massiven Blutung, die zentral mit Tamponade und Gefäßklemmen unter Kontrolle gebracht wurde. Die Freilegung zeigte eine Durchtrennung der Arteria femoralis superficialis. Da der Operateur über arterien-chirurgische Erfahrung nicht verfügte, unterband er beide Arterienstümpfe und verlegte die Patientin in eine gefäßchirurgische Abteilung.

Immerhin wurde der eingetretene Schaden sogleich erkannt. Die Frage ist aufzuwerfen, ob nicht ein Operateur, der Krampfader-Chirurgie betreibt, über die Fähigkeit verfügen sollte, eingetretene Schäden an Arterien versorgen zu können.

2. Bei einer 36jährigen Patientin wurde die Vena saphena magna links nach Babcock entfernt. Die Patientin wurde in der Praxis des Chirurgen noch drei Stunden beobachtet, dann nach Hause entlassen. Am dritten postoperativen Tag kontrollierte der Operateur den Heilungsverlauf, der ungestört war. Ebenso verhielt es sich am siebten postoperativen Tag; die Fäden wurden entfernt. Am Abend des achten postoperativen Tages waren ständig zunehmende Schmerzen im gesamten Wundbereich aufgetreten, auch Temperaturen über 39°. Am Abend rief die Patientin den Chirurgen an und teilte ihm ihren ständig schlechter werdenden Zustand mit. Der Chirurg stellte eine telefonische Diagnose, indem er der Patientin sagte, diese so plötzlich auftretenden Beschwer-

den und Temperaturen seien auf einen Virus-Infekt zurückzuführen. Er bestellte die Patientin nicht zu sich, begab sich auch nicht zu ihr. Am nächsten Tage waren die Beschwerden so unerträglich geworden, daß sie ihren Hausarzt, einen Allgemeinmediziner, rief, da sie von ihrem Chirurgen eine abschlägige Antwort bekommen hatte. Der Hausarzt kam und sah sich die Wunden nicht an. Keine Binde wurde abgewickelt, kein Pflaster entfernt, um den Befund an den Incisionen etwa im Bereich der Leistenbeuge zu überprüfen. Am nächsten Morgen war die Patientin delirant; von ihrem Ehemann wurde sie ins Krankenhaus gebracht. Dort wurde eine schwere Sepsis mit einem Multiorganversagen festgestellt; es setzte sofort eine intensiv-medizinische Behandlung unter Aufbietung aller Möglichkeiten für die Dauer von gut 3 Wochen ein, womit es gelang, das Leben zu erhalten. Im gesamten Kanal der Vena saphena magna hatte sich ein massiver Abszeß entwickelt.

3) Bei einer 40 Jahre alten Frau wurde eine Leistenbruchoperation rechts vorgenommen. Am zweiten postoperativen Tag fand eine Wundkontrolle statt. Am vierten postoperativen Tag setzten hohe Temperaturen und ständig zunehmende Schmerzen in der rechten Leistenbeuge ein. Der Ehemann brachte seine Frau nochmals zum Operateur, der sich die Wunde ansah und nichts Besonderes feststellte. Am Abend dieses Tages wurde die Patientin immer unruhiger, sie war desorientiert. Die Temperaturen lagen um 40°. Am nächsten Morgen setzte sich der Ehemann telefonisch mit dem Operateur in Verbindung und bat ganz dringend um seinen sofortigen Besuch. Der Chirurg lehnte ab unter Hinweis auf seine Sprechstunde. Daraufhin bestellte der Ehemann einen Krankentransport. Ohne ärztliche Begleitung wurde seine Frau in das nächste Krankenhaus gebracht. Es bestand schon eine Schnappatmung. Die untersuchenden Chirurgen stellten eine massive Phlegmone oberhalb der Herniotomie-Incision fest, die sich wie auf einer Straße zum Rücken bis in die Höhe der Schulterblätter erstreckte. Die Wunde wurde sogleich eröffnet, alles chirurgisch Notwendige getan. Dennoch kam es bereits am Abend desselben Tages zum Exitus letalis infolge der Sepsis. Bakteriologisch wurden Streptokokken nachgewiesen.

4) Bei einem 32 Jahre alten Patienten wurde ein Schleimbeutel am rechten Kniegelenk entfernt. Postoperativ wurde ein fester Verband

angelegt, eine medikamentöse Thrombose-Prophylaxe wurde nicht vorgenommen. Zwei Tage später traten Zeichen einer tiefen Venenthrombose mit einem Spannungsschmerz der Wade und einer peripheren Schwellneigung auf. Der Patient begab sich in ein Krankenhaus, dort stellte der untersuchende Arzt keine Thrombose fest und schickte den Patienten zurück. Wiederum zwei Tage später trat eine Lungenembolie ein, stationär wurde als Emboliequelle eine frische Thrombose der tiefen Venen des rechten Unterschenkels festgestellt. Diese Thrombose war dem untersuchenden Arzt zwei Tage zuvor entgangen.

5) Ein 36jähriger Patient begab sich zu einem niedergelassenen Chirurgen, der eine Vorwölbung in der linken Kniekehle feststellte. Ambulant wurde ein Lipom entfernt, anschließend ein komprimierender Verband angelegt. Eine medikamentöse Thrombose-Prophylaxe erfolgt nicht. Neun Monate später suchte der Patient wieder den niedergelassenen Chirurgen auf, der eine neue Vorwölbung diagnostizierte. Wiederum wurde nach Anlegen einer pneumatischen Blutsperre am Oberschenkel in lokaler Betäubung die Kniekehle eröffnet, es fand sich eine relativ kleine Baker-Zyste, die von beträchtlichen narbigen Veränderungen umgeben war. Die Zyste wurde entfernt, anschließend ein Kompressionsverband angelegt. Unter der Operation und postoperativ erfolgte keine medikamentöse Thrombose-Prophylaxe. Am Morgen des fünften postoperativen Tages setzte ohne Vorboten plötzlich eine fulminante Lungenembolie ein, die sogleich letal war. Die Obduktion ergab eine Thrombose der tiefen Venen des linken Beines.

Die laparoskopische Chirurgie hat auch im ambulanten Bereich ihren Platz eingenommen. Die forensischen Verfahren der Laparoskopie stammen bisher ganz überwiegend aus dem stationären Bereich. Damit die ambulant tätigen Chirurgen einen Eindruck davon erhalten, was sich forensisch auf dem Gebiet der Laparoskopie bewegt, seien einige Angaben zur derzeitigen Lage gemacht:

Im vergangenen Jahr war über 71 Vorwürfe zur Laparoskopie zu berichten, daran waren 41mal die Cholezystektomie, 22mal die Appendektomie und je zweimal eine Adhäsiolyse, eine Herniotomie, ein urologischer oder ein gynäkologischer Eingriff beteiligt. Inzwischen sind 33 Vorwürfe hinzugekommen, die Hälfte davon, nämlich 16, betrifft die Cholezystektomie. 42 Behandlungsfehler sind bisher anerkannt worden, viele Verfahren laufen aber noch. Eine endgültige Zahl ist daher noch nicht bekannt (Tab. 2)

Die Verfahren erstrecken sich überwiegend auf die laparoskopische Cholezystektomie, die Appendektomie erreicht die Hälfte der Cholezystektomie. Ein nicht geringer Anteil der Vorgänge bei der laparoskopischen Appendektomie stammt von Gynäkologen. Im Anstieg begriffen sind die Verfahren in der laparoskopischen Herniotomie.

Bezüglich der Laparoskopie sollte der Chirurg die sich hiermit verbindenden juristischen Auflagen kennen und entsprechend einordnen. Diese Empfehlung wird nicht zuletzt deswegen zum Ausdruck gebracht, weil der Eindruck besteht, daß die Verfahren vor Gerichten im Zunehmen begriffen sind. Der Grund hierfür könnte darin liegen, daß laparoskopische Komplikationen sehr schwerwiegende Folge nach sich ziehen können, die die Betroffenen von vornherein zu Gerichten oder Staatsanwaltschaften bewegen.

Die Indikationsentscheidung zur laparoskopischen oder konventionellen Cholezystektomie bzw. Appendektomie wird forensisch im allgemeinen anerkannt, ggfs. muß sie begründbar sein. Die Aufklärung hat die Vorzüge und die Risiken sowohl des laparoskopischen wie auch des konventionellen Operierens zu umfassen. Bei der Laparoskopie sollten die eingeschränkte Zugänglichkeit des Operationsfeldes, mögliche Blutungen, Verletzungen nahegelegener Organe und Operationserweiterungen durch Laparotomie genannt werden. Nicht geboten erscheint in Anlehnung an die Grundsätze, die der Bundesgerichtshof zur Anfänger-Operation entwickelt hat, unaufgefordert die bisher durchgeführte Zahl endoskopischer Operationen anzugeben.

Wohl fragen Gerichte und zwar sehr genau danach, welche Kenntnisse und Erfahrungen sich ein Operateur auf dem Gebiet der Laparoskopie angeeignet hat. Die Empfehlungen der Chirurgischen Arbeitsgemeinschaft für Endoskopie (CAE) zur endoskopischen Chirurgie sind gerichtsbekannt. Der Nachweis laparoskopischer Trainingskurse wird von Gerichten verlangt.

Bei den Komplikationen der chirurgischen Laparoskopie nimmt die Peritonitis infolge von Darmverletzungen, Galleaustritt oder Insuffizienz des Appendixstumpfes die erste Stelle ein. Gerichtsverfahren ist zu entnehmen, daß eine gallige Peritonitis keineswegs in jedem Falle rechtzeitig erkannt wird. Es wird offenbar unterschätzt, daß eine gallige Peritonitis nicht die gleiche Schmerzhaftigkeit aufweist wie eine eitrige Peritonitis. Dadurch wird unter Umständen Zeit versäumt. Beim Einsetzen schwerer und lebensbedrohlicher Blutungen oder anhaltendem Galleaustritt scheint manchmal eine chirurgische Hemmschwelle zu einer raschen Revision zu bestehen. Inzwischen sind 11 Todesfälle bekannt, von den 3 im vergangenen Jahr hinzugekommenen entfällt jeweils einer auf die Cholezystektomie, auf die Gynäkologie und die Urologie.

Gallengangsverletzungen können geringfügig und bei rechtzeitiger Erkennung auch ohne besondere Schwierigkeiten zu beheben sein. Liegen jedoch Gallengangsverletzungen größeren Ausmaßes vor, wie es häufig geschehen war, können die Eingriffe zur Wiederherstellung der Gallenwege sehr aufwendig und komplikationsträchtig sein. Als weitere Folge kann sich eine Pankreatitis ausbilden, wie es mehrfach mit ernsten Auswirkungen geschah. Forensische Ergebnisse stellen sicherlich stets eine negative Auslese dar und sollten deswegen nicht überbewertet werden. Dennoch kann nicht ignoriert werden, daß Gallengangsverletzungen sehr ernst zu nehmen sind, rasch erkannt und sachgerecht versorgt werden müssen.

Die forensische Bewertung laparoskopischer Schäden hat weiterhin angezogen. Nach Abschluß der Lernkurve verbleibt kein systemimmanenter Unterschied in der Entstehung von Behandlungsfehlern zwischen offener und laparoskopischer Cholezystektomie. Eine laparoskopische Komplikation ist somit nach den üblichen Kriterien der offenen Chirurgie zu beurteilen.

Eine nicht hoch genug einzuschätzende Bedeutung besitzt auch aus forensischer Sicht eine ausreichend lange Beobachtungszeit. Aus diesem Grunde sind laparoskopische Operationen, ambulant oder in einer Tagesklinik vorgenommen, mit einem erheblichen Unsicherheitsfaktor belastet, der von dem betreffenden Operateur zu übernehmen ist. Es hat sich gezeigt, daß Komplikationen manchmal erst nach Stunden oder auch mehreren Tagen auftreten, etwa wenn sich infolge Hitzeeinwirkung eine Nekrose der Darmwand eingestellt hat, aus der eine Perforation hervorgeht. Bei laparoskopischen Eingriffen ist nun einmal Vorsicht geboten, die auch eine ausreichend lange Überwachungszeit einschließt. Zumindest ist der Patient sehr genau über die Art entstehender Komplikationen aufzuklären und ihm eindringlich zu vermitteln, sogleich wieder seinen Arzt aufzusuchen, wenn Beschwerden auftreten. Damit geht aber die Nachsorge auch zu einem Teil auf den Patienten über.

Ist jeder Patient hierzu befähigt, könnte er vielleicht zum Verdrängen einer entstehenden Komplikation neigen? Die psychische Verfassung eines Patienten sollte diesbezüglich überdacht und eher einer stationären Überwachung der Vorzug gegeben werden - zum Vorteil sowohl des Patienten wie auch des Arztes. Rechtzeitige Kontrolluntersuchungen dürfen im Zweifelsfall keineswegs unterlassen werden.

Fünf Anträge beziehen sich auf eine laparoskopische Herniotomie. Zweimal wurden nach einer Leistenbruchoperation verschiedene Beschwerden gerügt, einmal entstand ein Verbrennungsschaden, einmal eine Coecumperforation und einmal ein Hodenverlust. Die Aufklärung war nicht immer ausreichend.

Die Einordnung der Laparoskopie als fortschrittliche Methode hat auf dem Boden einer zuverlässigen Berichterstattung über die gesammelten Erfahrungen mit einer lückenlosen Dokumentation zu erfolgen. Dann können Erkenntnisse wie bei der Qualitätssicherung Nordrhein 1994 Arzt und Patient zugute kommen. Die Wissenschaft hat zu entscheiden, wann oder unter welchen Voraussetzungen eine laparoskopisch vorgenommene Operation den Rang des Standards erreicht hat. Über den Standard haben dann ständige Kontrollen zu wachen (Tab. 3).

Ein großes Gewicht hat in der ambulanten Chirurgie die tiefe Venenthrombose eingenommen. Aus forensischer Sicht kann die nicht bedachte oder nicht erkannte tiefe Bein-Beckenvenen-Thrombose Bedeutung erlangen, also eine Handlungsweise des Arztes vor oder nach Entstehung einer solchen Komplikation. Die Frage ist zu prüfen, ob ein hierauf beruhender Behandlungsfehler vorhersehbar und vermeidbar ist.

1977 beschäftigte sich ein Hauptthema des Kongresses der Deutschen Gesellschaft für Chirurgie mit der Thrombo-Embolie-Prophylaxe und - therapie. Nach einer Reihe von wissenschaftlichen Beiträgen wurde das Rundgespräch mit der Feststellung abgeschlossen, alle Gesprächsteilnehmer seien sich in der Forderung einig, daß eine generelle Thrombose-Prophylaxe notwendig sei.

Bei der Behandlung ambulanter Patienten bestand ein Defizit mit einem großen Nachholbedarf. Aus heutiger Sicht ist es erstaunlich, wenn nicht unverständlich, daß erst 1989 anläßlich der 53. Jahrestagung der Deutschen Gesellschaft für Unfallheilkunde am 24.11.1989 in Berlin über die forensische Bedeutung der nicht beachteten tiefen Beinvenen-Thrombose bei ambulanten Patienten im Rahmen eines Hauptthemas gesprochen wurde.

1984 und 1985 hatte ich über insgesamt 76 Verfahren berichtet, die bei Gerichten und der Gutachterkommission für ärztliche Behandlungsfehler bei der Ärztekammer Nordrhein angefallen waren. Dabei ergaben sich 14 vorwerfbare Behandlungsfehler. Bei diesen Vorgängen war die gesamte Venen-Chirurgie betroffen, tiefe Venenthrombosen spielten damals eine völlig untergeordnete Rolle. Einige Thrombosen nach Unfällen wurden beklagt, ein Fehler jedoch nicht festgestellt. Rückblikkend ist es allerdings nicht auszuschließen, daß nach heutigem Wissensstand die Bewertung gelegentlich hätte anders ausfallen können oder müssen.

Seit 1985 unterscheiden sich die Zahlen ganz erheblich. Beim Vortrag 1989 in Berlin berichtete ich über 73 Verfahren, die ausschließlich tiefe Venenthrombosen betrafen. Dabei hatten sich 40 Behandlungsfehler ergeben, also mehr als die Hälfte der Vorgänge. Die Erklärung kann kaum darin bestehen, daß es vor 1985 etwa keine tiefen Venenthrombosen gegeben hätte. Vielmehr hat sich das Anspruchs- und Erkennungsverhalten geändert; Patienten haben häufiger einen Zusammenhang zwischen einer Behandlungsmaßnahme und einer Thrombose vermutet (Tab. 4).

Gegenüber 1989 haben sich die forensischen Verfahren bis einschließlich 1993 mehr als verdoppelt, und zwar von 73 auf 181 Vorgänge. Die Zahl der anerkannten Behandlungsfehler hat sich von 40 auf 122 erhöht, also verdreifacht. 122 Behandlungsfehler von 181 Verfahren bedeuten einen Anteil von 67,5 %. War früher bei den Verfahren die stationäre Herkunft vorherrschend, hat sich in dieser Hinsicht eine Wende ergeben. Es überwiegen ambulante Vorgänge, und ebenso verhält es sich mit den Behandlungsfehlern (Tab. 5).

1989 betrug das Verhältnis der stationären zu den ambulanten Behandlungsfehlern 22:18, danach lautete das Verhältnis 46:76. Die Zahl der 76 Behandlungsfehler im ambulanten Bereich unterstreicht eindrucksvoll die Notwendigkeit der Thrombose-Prophylaxe beim ambulanten Patienten. Die Quote der ambulanten Thrombosen liegt möglicherweise insgesamt noch etwas höher, weil nicht in jedem Fall eine scharfe Grenze ausgemacht werden konnte, wenn ein Patient aus der stationären in die ambulante Behandlung überging. Mit einer wahrscheinlich nicht geringen Dunkelziffer ist außerdem zu rechnen.

Die Anzahl der forensischen Verfahren ist bis Ende 1994 auf 213 angestiegen. Endgültige Zahlen über die Behandlungsfehler können noch nicht vorgelegt werden, da einige Vorgänge in ihrer gerichtlichen Beurteilung noch nicht abgeschlossen sind. Insgesamt bestätigt sich aber die bisherige Tendenz, dies trifft auch für 1995 zu.

Der Präsident der Deutschen Gesellschaft für Unfallheilkunde, Prof. Dr. *K.P. Schmit-Neuerburg*, berief nach dem Kongreß 1989 Mediziner und Juristen am 13.1.1990 zu einem Expertengespräch. Dieses Gremium formulierte Empfehlungen zur Thrombose-Prophylaxe bei ambulanten

Patienten, die anschließend in einer Reihe von Fachzeitschriften veröffentlicht wurden und Gerichten bekannt sind.

Die tiefe Beinvenen-Thrombose scheint nicht von allen Ärzten, die mit der Extremitäten-Chirurgie befaßt sind, zutreffend eingeordnet, sondern eher unterschätzt zu werden. Dieses Verhalten mag dadurch begünstigt werden, daß die Behandlung der Folgezustände in die Hände anderer Ärzte übergeht, somit Unfall- und Extremitäten-Chirurgen sich im allgemeinen keinen eigenen Eindruck davon verschaffen können, wie schwerwiegend und irreversibel ein postthrombotisches Syndrom einen Menschen belasten und seine Lebensqualität einschränken kann.

Den Unterlagen der Gerichte und Gutachterkommission läßt sich entnehmen, daß von einigen Ärzten zu wenig oder gar nicht an die Möglichkeit einer tiefen Venen-Thrombose gedacht worden ist. Es fällt auch auf, daß den Hinweisen der Patienten auf einen Spannungsschmerz in der Wade oder eine Schwellneigung des Beines zu wenig Beachtung geschenkt wurde. Der scheinbaren Nichtexistenz einer tiefen Beinvenen-Thrombose, wie sie fälschlich unterstellt wurde, entspricht die Tatsache, daß eine fachgerechte Diagnostik entweder nicht oder zu spät eingeleitet wurde. Bei den stationären und ambulanten Thrombosen ereignete sich 35mal eine teils fulminante Lungenembolie, 23mal mit einem Exitus letalis. Infolge der tiefen Venenthrombose entwickelte sich einmal eine Phlegmasia coerulea dolens, 7mal ein Kompartment-Syndrom mit resultierender Unterschenkelamputation. Zu den therapeutischen Komplikationen gehören zwei tiefe Venenthrombosen, die mit dem inzwischen aus dem Handel gezogenen Präparat Heparin-Dihydergot behandelt wurden. Es entstand ein Ergotismus, Amputationen waren in beiden Fällen unvermeidlich.

Die häufigste Fehldiagnose war eine Thrombophlebitis. Es scheint so, daß die beiden Krankheitsbilder Thrombophlebitis und Thrombose nicht genügend bekannt sind und auseinandergehalten werden. Die Thrombophlebitis wird oft als Verlegenheitsdiagnose genannt, ohne zu ergründen, ob eine Thrombose der tiefen Venen vorliegt.

Als verhängnisvoll ist die gefährliche Symptomenarmut der beginnenden tiefen Bein- und Beckenvenenthrombose anzusehen. Dies gilt besonders für den bettlägerigen Patienten. Die klinischen Zeichen einer tiefen Beinvenen-Thrombose sind anfangs spärlich, wobei die Verdachtsdiagnose beim frei umhergehenden Patienten noch eher gestellt wird.

Die anerkannten klinischen Kardinalsymptome der Frühdiagnose sind der Spannungsschmerz unter Belastung, das periphere Ödem, die Schwellneigung und die Zyanose, die beim ambulanten Patienten einzeln oder gemeinsam auftreten und den Verdacht auf den richtigen Weg lenken können. Ist der Patient immobilisiert, etwa durch Bettlägerigkeit, sind die diagnostischen Voraussetzungen ungünstiger. Kardinalsymptome der Phlebothrombose treten bei strenger Bettruhe kaum in Erscheinung. Der typische Belastungsschmerz einer Phlebothrombose entwickelt sich unter ambulanten Bedingungen, also bei statischer Belastung.

Eine Auswertung der Durchschnittszeit zwischen dem Entstehen einer Thrombose und der richtigen Diagnose hat ergeben, daß die Diagnose am häufigsten leider erst gestellt wird, wenn sie bereits 14 Tage besteht. Aus diesem Grunde ist die Prophylaxe so wichtig.

Risikofaktoren des Patienten

immobilisierender Verband
komprimierender Verband
Hüftgelenk-Operation
Kniegelenk-Operation
Varicosis
frühere Venenthrombose
Kontrazeptiva
Adipositas

Eine den forensischen Verfahren entnommene Zusammenstellung der Risikofaktoren bei den tiefen Venenthrombosen anläßlich einer ambulanten Behandlung läßt erkennen, daß immobilisierende Verbände am meisten mit Gefahren verbunden sind.

Ihnen nahe stehen komprimierende Verbände. Sowohl für die immobilisierenden wie auch für die komprimierenden Verbände gilt, daß sie häufig genug kontrolliert werden müssen. Daran hat es nicht selten gemangelt. Auch sollte der Patient darauf hingewiesen werden, sofort den Arzt wieder aufzusuchen, wenn ihm der Verband zu eng erscheint. Enge oder eng gewordene Gipsverbände sowie komprimierende oder schnürende Verbände müssen sogleich entfernt werden.

Auffallend oft war eine Arthroskopie des Kniegelenkes vorgenommen worden. Wie die Erfahrungen zeigen, kann die Kombination einer Arthroskopie und Anlage einer pneumatischen Blutsperre folgenreich sein. Letztere sollte hinsichtlich des angewandten Druckes keinesfalls übertrieben werden, außerdem haben die Höhe des Druckes und die zeitliche Dauer dokumentiert zu werden.

Risikofaktoren des Arztes

Indikation immobilisierender Verband
Zeitdauer immobilisierender Verband
Thrombose-Prophylaxe

Risikofaktoren können vom Patienten, aber auch vom Arzt ausgehen. Der Arzt hat nach seiner Diagnose zu entscheiden, ob ein immobilisierender Verband angelegt und wie lange er belassen werden muß. Zugrunde zu legen sind die Therapiefreiheit und das therapeutische Ermessen des Arztes auf dem Boden seiner Erfahrung. Dennoch sind auch bei diesen Überlegungen Grenzen zu berücksichtigen. Wenn als beste Behandlung ein immobilisierender Verband angezeigt ist, wahrt der Arzt die gebotene Sorgfalt mit einer rechtzeitigen Thrombose-Prophylaxe. Aus den Verfahren geht einwandfrei hervor, daß die Unterlassung einer medikamentösen Thrombose-Prophylaxe einen Risikofaktor bedeutet.

Wenn der Verdacht auf Vorliegen einer tiefen Venenthrombose besteht, ist es erforderlich, sie entweder nachzuweisen oder auszuschließen. Die Begründung ergibt sich daraus, daß bei der tiefen Beinvenen-Thrombose die Gefahr einer Lungenembolie unvertretbar hoch ist. Ratsam ist eine Phlebographie. Ihre forensische Bedeutung liegt in der zuverlässigen Dokumentation. Die Doppler-Sonographie kann eine wertvolle Hilfestellung bei der Diagnose leisten.

Einige Ärzte gaben zu ihrer Entschuldigung an, sie hätten durchaus eine Thrombose-Prophylaxe vorgenommen und zwar mit Thrombozyten-Aggregationshemmern oder Antirheumatika. Es ist ausdrücklich zu betonen, daß diese Medikamente für eine venöse Thrombose-Prophylaxe unwirksam und somit ungeeignet sind.

Der entscheidende Risikofaktor für die Entstehung einer tiefen Beinvenen-Thrombose ist die Immobilisation. Es ist davor zu warnen, die Indikation zu einer medikamentösen Thrombose-Phrophylaxe im ambulanten Bereich davon abhängig zu machen, ob zusätzlich weitere Risikofaktoren vorliegen oder nicht. Ein immobilisierender Verband ist allein geeignet, die Wadenmuskelpumpe auszuschalten und damit die Gefahr einer tiefen Venenthrombose auszulösen.

Eine seltene Komplikation soll nicht unerwähnt bleiben, und zwar die Heparin-induzierte Thrombozytopenie mit der Folge paradoxer venöser und arterieller Thrombosen. In den analysierten Fällen fiel die Thrombozytenzahl unter 100.000 ml ab, die thrombotische Komplikation trat zwischen 5 und 22 Tagen nach Beginn der Heparingabe auf. Die niedrige Thrombozytenzahl wurde als Verbrauchskoagulopathie fehlgedeutet. Unterschieden werden bei der Thrombozytopenie Typ I und Typ II, wobei der Typ I voll reversibel ist und als asymptomatische Komplikation gelten kann. Hingegen bedingt der IgG-assoziierte immunologische Typ II mit venösen und arteriellen Thromben (White-Clot-Syndrom) gravierende Folgen.

Wahrscheinlich beruht diese Komplikation auf einem immunologischen Mechanismus. Gesichert wird die Diagnose einer Heparin-induzierten Thrombozytopenie mit der relativ einfachen und zuverlässigen Methode der Plättchen-Aggregometrie. Wichtigste Maßnahme der Therapie ist das sofortige Absetzen des Heparins, dies führt zu einem prompten Anstieg der Thrombozyten.

Um diese Komplikation nicht zu übersehen, ist es empfehlenswert, die Thrombozyten bei Beginn einer Heparin-Prophylaxe zu kontrollieren und eine weitere Kontrolle am fünften Tage nach Beginn der Therapie vorzunehmen. Sollte sich eine Neigung zur Thrombozytensenkung andeuten, sind weitere Kontrollen empfehlenswert, damit rechtzeitig die Heparin-Behandlung abgesetzt werden kann.

Aus den bislang vorliegenden Daten der Literatur und den Mitteilungen der Industrie, die aufgrund des Meldewesens nur unvollständig einzuschätzen sind, kann man nach *Kujath* davon ausgehen, daß für niedermolekulare Heparine die Schätzung der Thrombozytopenie Typ II im Bereich von 0,05 realistisch sein dürfte.

Ohne die Schwere dieser Komplikation herabzusetzen, muß aber die Zahl von 5 auf 10.000 in Relation gesetzt werden zur Inzidenz von Verletzungen an der unteren Extremität und dem Auftreten von Thrombosen, das in einer Studie von *Kujath* bei 16% lag. Es ist davor zu warnen, im ambulanten Bereich falsche Rückschlüsse in Bezug auf die Thrombozytopenie Typ II zu ziehen. Auch aus forensischer Sicht sind Risiken in vernünftiger Weise abzuwägen.

Gegen die ambulante Thrombose-Prophylaxe wird eingewandt, sie sei zu teuer und belaste daher den verordnenden Arzt. Hat dieses Argument aber Geltung, wenn Ärzte von einer Behandlungsnotwendigkeit im Interesse des Patienten überzeugt sind? Sofern Ärzte die ambulante Thrombose-Prophylaxe für angezeigt erachten, sollten sie geeignete Schritte bei kassenärztlichen Vereinigungen und Krankenkassen einleiten, um dieser Behandlungsmaßnahme den zutreffenden Wert zu sichern. Wissenschaftliche Gesellschaften und Berufsverbände können hierin eine vornehme Aufgabe erkennen.

Den Krankenkassen sei gesagt, daß eine Thrombose-Prophylaxe ungleich billiger ist als die Versorgung eines Patienten mit einem postthrombotischen Syndrom. Dieser Folgezustand einer tiefen Bein- oder Beckenvenenthrombose stellt einen Krankheitszustand dar, der erfahrungsgemäß mit der Tendenz einer ungünstigen Prognose versehen ist. Chronisch thrombotisch verschlossene Venen können nicht mehr durchgängig gemacht werden.

Aus forensischen Verfahren geht eindeutig hervor, daß der ambulant operierende Arzt von der Hypothek einer sachgerechten Nachsorge belastet ist. Kann er die Nachsorge selbst übernehmen, verhält es sich für ihn günstiger. Geht jedoch die Nachsorge auf einen Allgemeinmediziner als Hausarzt über, ergibt sich eine Unsicherheit, ob die Erfahrung dieses Arztes im chirurgischen Bereich ausreichend ist. Mit einer solchen Ungewißheit darf nicht der Patient belastet werden. Behandlungsfehler kommen nicht selten dadurch zustande, daß ein eingetretener Schaden nicht rechtzeitig erkannt und zutreffend versorgt wurde.

Forensische Verfahren, die ambulant tätige Chirurgen betreffen, zeigen leider nicht selten zwei unerfreuliche Schwachpunkte auf: einmal die Aufklärung und zum anderen die Dokumentation. Wenn eine Aufklärung entweder nicht erfolgt oder unmittelbar vor einer gerade empfohlenen elektiven Operation, kann eine solche Aufklärung einer juristischen Bewertung kaum standhalten. Die Aufklärung hat im ambulanten Bereich ebenso sorgfältig zu erfolgen wie im stationären Betrieb. An der Dokumentation einer Aufklärung mangelt es nicht selten.

Die Dokumentation ist ein breites Feld. Im Prozeß kann es zum Beispiel darauf ankommen, daß der Zustand eines Patienten vor einem Eingriff oder der nach einem Unfall eingetretene Schaden zu beurteilen sind. Wenn eine Dokumentation darüber fehlt, befindet sich der Arzt in einer ungünstigen Lage. Operationsberichte bestehen manchmal nur aus einigen Buchstaben oder sind unzureichend abgefaßt und können den Ansprüchen, die an eine Dokumentation zu stellen sind, nicht genügen. Ein Arzt kann dadurch in Beweisnot geraten.

Die Gutachterkommission Nordrhein hat in den drei Jahren 1991 bis 1993 die Behandlungsfehler bei Operationen im stationären und ambulanten Bereich ermittelt. Hieraus läßt sich zusammenfassend feststellen:

Niedergelassene Ärzte sind im Vergleich zu Krankenhausärzten in den Begutachtungsverfahren bei der Kommission überdurchschnittlich häufig von der Feststellung eines ärztlichen Behandlungsfehlers betroffen. Während die Zahl insgesamt festgestellter Behandlungsfehler bei Krankenhausärzten mit 32,88% den Durchschnitt (36,96%) im Erfassungszeitraum unterschritt, lag die Quote bei niedergelassenen Ärzten mit 43,45% deutlich darüber.

Dieses Bild ergibt sich auch bei Betrachtung nur der Verfahren, in denen Vorwürfe im Zusammenhang mit einer operativen Behandlung zu prüfen waren. Hier lag der Anteil von Behandlungsfehlern an der Gesamtzahl operativer Fälle (1.283) bei Krankenhausärzten mit 31,47% etwas unter dem Durchschnitt (32,81%), während die Quote bei niedergelassenen Ärzten diesen mit 40,41% nicht unerheblich überstieg (Tab. 6).

Auch wenn Zahlen aus den Jahren nach 1993 noch nicht vorliegen, besteht der Eindruck, daß die Quote von 40,41% nicht geringer geworden ist. Die Arbeit eines ambulanten Chirurgen ist nicht leicht und mit fachlichen sowie juristischen Auflagen verbunden. Sie verdient Unterstützung und Anerkennung.

Tab. 1. Gutachterkommission Nordrhein
1.12.1975 - 30.4.1996

Eingänge	16022
Einstellungen	1492
Unzuständigkeiten	2008
Antragsrücknahmen	558
Bescheide	10412
Behandlungsfehler	3221

Tab. 2. Vorwürfe zur Laparoskopie

	1993	1994	1995	1996
Cholezystektomie	12	21	41	57
Appendektomie	8	14	22	27
Herniotomie	-	-	2	5
Adhäsiolyse	2	2	2	2
Rectum/Siga	-	-	-	2
Gynäkologie	-	-	2	8
Urologie	-	-	2	3
	22	37	71	104

Tab. 3. Qualitätssicherung Nordrhein 1994
Cholelithiasis/- zystitis

Patienten	17425	
davon konservativ	188	1,1%
Laparoskopie	11234	65,2%
Laparotomie	4820	28,0%
Laparoskopie/Laparotomie	1179	6,8%

Tab. 4. Tiefe Venenthrombose

	1989	1991	
Forensische Verfahren	73	137	+ 64
stationär	45	70	+ 25
ambulant	28	67	+ 39
Behandlungsfehler	40	88	+ 48
stationär	22	37	+ 15
ambulant	18	51	+ 33

Tab. 5. Tiefe Venenthrombose

	1992	1993	
Forensische Verfahren	154	181	+ 27
stationär	78	88	+ 10
ambulant	76	93	+ 17
Behandlungsfehler	109	122	+ 13
stationär	42	46	+ 4
ambulant	67	76	+ 9

Tab. 6. Behandlungsfehler bei Operationen

	Krankenhaus			ambulant		
	OP	Beh. Fehler	%	OP	Beh.Fehler	%
1991	357	120	33,61	61	29	47,54
1992	348	115	33,05	59	23	48,98
1993	385	108	28,05	73	26	35,62
	1090	343	31,47	193	78	40,41

Mögliche Brücken aus dem Krankenhaus zur Praxis und Pflege

Siegfried Rübenacker

Die geänderten gesundheitspolitischen Forderungen zwingen alle am ambulanten Operieren beteiligten Gruppen zu mehr Kooperation und zum Beschreiten neuer Wege. Es muß gelingen, die bisherigen Strukturen zu überdenken und das teilweise aufgebaute gegenseitige Mißtrauen der am ambulanten Operieren beteiligten Gruppen zu überwinden. Alle Beteiligten sollten versuchen, vertrauensvoll mit- und nicht gegeneinander zu arbeiten.

Das ambulante Operieren ist patientengerecht und kostengünstiger als die stationäre Behandlung, hat aber daneben auch den Nachteil, daß der Patient nicht kontinuierlich überwacht ist und unter Umständen einer unkontrollierten Passivität anheimfällt, was dem Behandlungsergebnis abträglich sein kann oder aber vermehrte Risiken, es sei hierbei nur die Thrombose- und Embolieentstehung genannt, in sich birgt.

Die Chance, die das ambulante Operieren für die einzelnen Institutionen bietet, könnten sowohl von Krankenhäusern und Kliniken, wie auch von Praxen und ambulanten Operationszentren ausgeschöpft werden.

Für Kliniken bietet es sich an, die vorhandenen Ressourcen noch effektiver zu nutzen. Das operative Spektrum einer Klinik kann erweitert werden, da die bisher nicht zugelassenen ambulanten Eingriffe, sofern sie im Katalog enthalten sind, durchgeführt werden können. Ein ganz entscheidender Vorteil bietet sich meines Erachtens in der verbesserten Kooperation mit niedergelassenen Ärzten, die einerseits am Krankenhaus ambulant operieren können oder lediglich Patienten zur ambulanten Operation überweisen und die Nachbehandlung übernehmen können. Chancen bieten sich auch für die Praxen. Unter kalkulierbaren finanziellen Riskien kann die Infrastruktur einer Klinik von frei tätigen Ärzten genutzt werden, ohne daß diese zuvor in Vorleistung treten müssen. Dank der technischen Ausstattung einer Klinik kann der niedergelassene Arzt sein Spektrum ebenfalls erweitern und ist nicht gezwungen, seine Patienten an andere niedergelassene Kollegen, die unter Umständen technisch besser ausgestattet sind, zu überweisen.

Es ist sicherlich eine positive Folgeerscheinung, daß durch die enge Zusammenarbeit das Klima zwischen den einzelnen Arztgruppen verbessert werden könnte. Durch die Änderung der gegenseitigen Standpunkte kann auch der Patient profitieren, da die Übernahme in stationäre postoperative Nachbehandlung erleichtert vonstatten gehen kann.

Ambulante Operationstätigkeit an Kliniken bietet den Vorteil, daß in den meisten Fällen ein technisch modernes und komplettes Instrumentarium ohnedies vorhanden ist, dessen bessere Nutzung volks- und betriebswirtschaftliche Vorteile bietet. Die personelle Situation an Kliniken darf bei der Auflistung der Vorteile nicht außer acht gelassen werden. Es ist ein permanenter ärztlicher und nichtärztlicher Dienst vorhanden, der im Notfall sofort eingreifen kann und dadurch den niedergelassenen Arzt erheblich entlastet. Bei der Durchführung ambulanter Operationen muß mit den draußen tätigen Pflegediensten und den ambulanten Rehabilitationszentren eine enge Verbindung geschaffen werden. Diese ambulanten Einrichtungen können uns Ärzte erheblich entlasten. Sie sind jedoch auf vollständige und zeitgerechte Information durch die Ärzte angewiesen.

Um ambulante Operationen an Kliniken durchführen zu können, müssen Eintrittsbedingungen geschaffen werden, die derzeit nicht überall gewährleistet sind. Die straffe zeitliche Organisation in der Klinik muß sichergestellt sein. Sie ist in der freien Wirtschaft ein überlebenswichtiger Faktor und in den meisten Fällen bereits vorhanden. Die räumlichen Verhältnisse sollten patientengerecht ausgestattet sein. Unabdingbar sehen wir für die Durchführung ambulanter Eingriffe das Vorhandensein eines Aufwachraumes.

Der operierende Arzt muß über die häuslichen Verhältnisse des Patienten Bescheid wissen. Nur bei ausreichender postoperativer häuslicher Versorgung ist eine ambulante Operation möglich. Patienten müssen über Kommunikationsmittel verfügen, um im Notfall Hilfe herbeirufen zu können. Die Entfernung zwischen der Praxis oder der Klinik und der Wohnung des Patienten sollte nicht mehr als eine Stunde betragen. Selbstverständlich darf ein ambulanter Eingriff nur dann durchgeführt werden, wenn der Patient und dessen Angehörige intellektuell in der Lage sind, die Verantwortung für die Nachbetreuung und Beobachtung zu übernehmen.

Die bisher angegebenen Punkte betrafen paramedizinische Belange. Die medizinischen Aspekte sind nicht minder wichtig. Es ist erforderlich, daß die Patienten sowohl vom Chirurgen als auch vom Anästhesisten voruntersucht und praemediziert werden. Die Art der ambulant durchführbaren Eingriffe ist prinzipiell im dreiseitigen Vertrag enthalten. Es fällt jedoch auf, daß nicht alle aufgelisteten Eingriffe auch sinnvollerweise ambulant durchgeführt werden. Die ambulanten Eingriffe sollten auf Operationen an der Körperoberfläche, an den Extremitäten, im HNO-Bereich und auf kleinere gynäkologische Eingriffe beschränkt werden. Die Eingriffe sollten nicht länger als eine Stunde in Anspruch nehmen. Sind erwartungsgemäß starke Schmerzentwicklungen zu befürchten, sollte die ambulante Durchführung kritisch hinterfragt werden. In jedem Fall sollte bei ambulanten Operationen berücksichtigt werden, daß dem Patienten keine größeren Risiken zugemutet werden, als dies unter stationären Bedingungen der Fall sein könnte. Die rechtliche Konsequenz, die daraus resultiert, ist insbesondere für Kliniken bedeutsam, da der an der Klinik tätige Arzt sich durchaus dem Vorwurf gegenübergestellt sehen kann, daß der entsprechende Eingriff ohne größere organisatorische Probleme auch unter stationären Bedingungen hätte durchgeführt werden können.

Das ambulante Operieren an Krankenhäusern und Kliniken bietet, wie eingangs erwähnt, eine Chance für diese Institutionen. Die Verzahnung zwischen den einzelnen Institutionen muß jedoch gewährleistet sein. Nur die vertrauensvolle Zusammenarbeit gewährleistet ein hohes qualitatives Niveau der Eingriffe, welches unbedingt gefordert sein muß. Ein wichtiger Aspekt ist in der Integration der ambulanten Pflegedienste und Rehaeinrichtungen zu sehen, die über alle durchgeführten Maßnahmen und Entwicklungen beim Patienten informiert sein müssen. Diesen Einrichtungen sollte auch eine Schulung durch die Operateure angeboten werden, um über die Art der Eingriffe und deren Spezialitäten im Bilde zu sein. Unter diesen Umständen ist bei der nachsorgenden Pflege und Rehabilitationseinrichtung ein größeres Verständnis für die erforderliche Nachbehandlungsstrategie zu erwarten.

Mittlerweile gibt es schon gut funktionierende ambulant operierende Einrichtungen an Kliniken, sowie ambulante Rehabilitationseinrichtungen wie z. B. das Fritz-König-Stift in Bad-Harzburg und die Einrichtung Therafit in Dortmund, sowie eine integrierte phlebologische Abteilung an unserem Hause, wo in problemloser Kooperation die Patienten betreut werden. Mit der erforderlichen Bereitschaft zur Zusammenarbeit werden die guten Erfahrungen auch andernorts gesammelt werden können. Unter diesen günstigen Bedingungen sollte es möglich sein, das derzeit noch vielerorts vorhandene gegenseitige Mißtrauen zwischen den einzelnen ambulant tätigen Grupppen abzubauen und das Miteinander zum Nutzen der Patienten weiter zu verbessern.

Die zivilrechtliche Haftung und strafrechtliche Verantwortung des ambulant operierenden Arztes

Klaus Ulsenheimer

Die zivil- und strafrechtliche Verantwortlichkeit des ambulant operierenden Arztes in der prä-, intra- und postoperativen Phase betrifft im wesentlichen 3 Problemkreise, die der am 22.3.1993 abgeschlossene dreiseitige Vertrag zwischen den Spitzenverbänden der Krankenkassen, der Deutschen Krankenhausgesellschaft und der Kassenärztlichen Bundesvereinigung zwar anspricht, aber leider nicht löst.

Konkret handelt es sich um

1. den Facharztstandard einschließlich der Frage der Indikationsstellung und Strukturqualität,

2. die Aufklärung des Patienten und

3. die prä- und postoperativen Behandlungspflichten des Operateurs.

I. Der „Facharztstandard" im Sinne von „Facharztqualität"

1. Facharztqualität oder formelle Facharztanerkennung?

Der Arzt schuldet dem Patienten - so die ständige Rechtsprechung - stets den „Standard eines erfahrenen Facharztes". Daher ist es völlig gleichgültig, ob eine Operation ambulant, stationär, im Krankenhaus oder in der Praxisklinik erfolgt. Insoweit besteht Einigkeit.

Bedenken sind jedoch gegenüber der Forderung des § 13 Satz 2 des dreiseitigen Vertrages anzumelden:
„Danach sind ambulante Operationen nur von Fachärzten, unter Assistenz von Fachärzten oder unter deren unmittelbarer Aufsicht und Weisung mit der Möglichkeit des unverzüglichen Eingreifens zu erbringen".

„Unmittelbare Aufsicht" bedeutet die Anwesenheit des Facharztes im Operationssaal, „unverzügliches Eingreifen" heißt ständige Operationsbereitschaft des Aufsichtsführenden, der also z.B. „nicht im Nachbarsaal selbst operieren oder sich lediglich für etwaige Zwischenfälle bereithalten" darf.

Die Notwendigkeit dieser Forderung, die Facharztqualität mit der formellen Facharztanerkennung weitgehend gleichsetzt, läßt sich unter dem Aspekt der Qualitätssicherung ambulanter Leistungen füglich bezweifeln und ihre Erfüllbarkeit scheitert in der Praxis des Krankenhauses an der Personalknappheit. Der Text des dreiseitigen Vertrages geht auf das sog. Facharzturteil des BGH vom 10.3.1992 zurück, das den Begriff „Facharzt" im formellen Sinne und damit im Sinne der vorgenannten Formulierung des dreiseitigen Vertrages definierte. Inzwischen dürfte jedoch klargestellt sein, daß der „Facharztstandard" nicht immer vom erfolgreichen Bestehen der Facharztprüfung abhängig, also nicht ausschließlich formal bestimmt ist, sondern ein materielles Kriterium beschreibt, nämlich einen bestimmten Wissens- und Erfahrungsstand des Arztes, bezogen auf die jeweilige von ihm zu treffende Behandlungsmaßnahme. Diese „Facharztqualität" gewährleistet ein Arzt also unter Umständen schon vor dem Erwerb des verbrieften Status, wenn er das medizinisch Gebotene „theoretisch wie praktisch so beherrscht, wie das von einem Facharzt dieses Fachs erwartet werden muß"(1). Die formelle Facharztanerkennung wird nur für den Arzt gefordert, der einen Noch-nicht-Facharzt bei seiner Tätigkeit anleitet und beaufsichtigt, (2) da diese Überwachung eine besondere Kompetenz, Souveränität und Verantwortung voraussetze.

2. Therapiefreiheit und Indikationsstellung

Innerhalb des Standards hat die Judikatur den Grundsatz der Therapiefreiheit anerkannt, d.h. die „Wahl der Behandlungsmethode ist primär Sache des Arztes". Unter mehreren medizinisch anerkannten Heilverfahren muß er aber grundsätzlich dasjenige wählen, das entweder wirksamer ist oder - bei gleicher Wirksamkeit - das geringste Risiko für den Patienten mit sich bringt und für ihn am wenigsten schmerzhaft ist. Das Eingehen eines höheren Risikos muß „in den besonderen Sachzwängen des konkreten Falles oder in einer günstigeren Heilungsprognose eine sachliche Rechtfertigung finden".

a. Die ambulante Durchführung eines Eingriffs darf deshalb kein größeres konkretes Risiko für den Patienten mit sich bringen als die stationäre. Insoweit ist allerdings klarzustellen: Der ambulant vorgenommene Eingriff stellt keine im Vergleich zur stationär vorgenommenen Operation „grundsätzlich unterlegene Methode" dar, weil etwa die „diagnostischen Möglichkeiten und das Reaktionspotential bei intra- und postoperativen Komplikationen abstrakt gesehen" im Krankenhaus besser sind.

   Die ambulante Durchführung eines Eingriffs ist also nicht bereits als solche für den Patienten riskanter als die Vornahme der Operation unter stationären Bedingungen. „Die methodischen Unterschiede liegen vielmehr im 'Davor' und 'Danach'".

b. Die Entscheidung des Arztes, ob der Eingriff ambulant - im Rahmen der „Tageschirurgie" - oder stationär durchgeführt werden soll, hängt von einem konkreten Risikovergleich ab. Dabei sind insbesondere die Art und Schwere des Eingriffs, der Allgemeinzustand und das Alter des Patienten, seine psychische Belastung, etwaige Vor- und Begleiterkrankungen, die Risiken einer Hospitalinfektion, die personelle und apparative Ausstattung der Praxis oder klinischen Einrichtung, die persönliche Qualifikation des Operateurs, die bei stationärer Behandlung besseren postoperativen Überwachungsmöglichkeiten, die häuslichen Verhältnisse, die Transport- und Kommunikationsmöglichkeiten zu gewichten und zu werten. Läßt sich dabei keine eindeutige Entscheidung zugunsten der ambulanten Durchführung der Operation treffen, ist aus haftungsrechtlicher Sicht zu empfehlen, nicht einfach dem Trend, reinen Kostenüberlegungen oder Patientenwünschen zu folgen, genauer gesagt, im Rahmen der ambulanten Möglichkeiten nicht an die Grenze des gerade noch Vertretbaren zu gehen.

Im Ergebnis muß hier wie auch sonst der Grundsatz gelten: absolute Priorität vor allen anderen, insbesondere auch wirtschaftlichen Erwägungen, haben Gesundheit und Schutz des Patienten. Patientensicherheit geht vor Wirtschaftlichkeit!

c. Der umfangreiche Katalog gemäß § 3 des dreiseitigen Vertrages betreffend die ambulant durchführbaren Operationsleistungen trifft keine Aussage bezüglich der Indikation. Die Auflistung im Katalog bedeutet daher nicht, daß dieser Eingriff ambulant vorzunehmen ist, wohl aber den Ausschluß der Wahlfreiheit für den sozialversicherten Patienten. Natürlich kann er die ambulante Durchführung des Eingriffs ablehnen und damit den Arzt binden. Aber: In Zukunft werden die Kostenträger verstärkt nachfragen bzw. darauf drängen, ambulant durchführbare Leistungen nicht stationär zu erbringen und eventuell die Bezahlung für den stationären Krankenhausaufenthalt verweigern. Die Kosten treffen dann den Patienten bzw. im Regreßwege den Operateur, wenn der Täger das Geld beim Patienten nicht beitreiben kann!

3. Strukturqualität

Der medizinische Standard betrifft zum einen das ärztliche Wissen und Können, zum anderen aber auch die räumlich-apparative und insbesondere personelle Ausstattung der Klinik oder Praxis bzw. des „Ambulatoriums", kurz die „Strukturqualität" des Eingriffs.

Für das praxis-ambulante Operieren gelten dabei keine niedrigeren Sicherheitsanforderungen in bezug auf die personelle Besetzung des

OP-Tisches, die bauliche und apparative Ausstattung und alle sonstigen wichtigen Qualitätserfordernisse, als für das stationäre Operieren.

Dies bedeutet:

- ein Anästhesist muß jederzeit einsatzbereit zur Verfügung stehen,
- ebenso eine speziell unterwiesene Hilfskraft bei der Narkose,
- die für die effektive Notfalltherapie erforderlichen Geräte und Medikamente müssen vorhanden sein,
- es muß eine ausgebildete Pflegekraft da sein, die im Aufwachraum die Patienten überwachen kann,
- es muß ein sofortiger Rückgriff auf die medizinische Infrastruktur eines Krankenhauses möglich sein.

Sorgfaltspflichtverstöße im Bereich der Strukturqualität haben unter dem Aspekt der Haftung für Organisationsmängel in der Judikatur zunehmende Bedeutung erlangt. Unter dem Gesichtspunkt der unzureichenden personellen Besetzung und/oder ungenügender apparativen Ausstattung trifft diese zivil- und strafrechtliche Haftung sowohl den Krankenhausträger bzw. den oder die Verantwortlichen persönlich als auch kraft ihrer Organisationsverantwortung die leitenden Abteilungsärzte bzw. den Vertragsarzt, der das „Ambulatorium" oder die sonstige Einrichtung für ambulantes Operieren betreibt.

II. Die Aufklärung des Patienten

Gerade weil es hier um ein neues Behandlungskonzept geht, in das der Patient und seine Angehörigen in besonderer Weise eingebunden werden, sind an die Aufklärung strenge Anforderungen zu stellen. Dabei ist zwischen der sog. Risiko- oder Eingriffsaufklärung und der Sicherungs- bzw. therapeutischen Aufklärung zu unterscheiden.

1. Risikoaufklärung

a. Bezüglich der Risikoaufklärung gelten die von der Rechtsprechung entwickelten allgemeinen Grundsätze mit folgender Akzentuierung bzw. Modifikation speziell für das ambulante Operieren:

Zur Wahrung des Selbstbestimmungsrechts des Patienten verlangt die Judikatur, ihn über alternativ zur Verfügung stehende Behandlungsmöglichkeiten zu unterrichten, wenn diese zu jeweils unterschiedlichen Belastungen führen oder unterschiedliche Risiken und Erfolgschancen bieten.

Ist eine Therapie deshalb auch in ambulanter Behandlung „medizinisch sinnvoll und praktikabel", hat der Arzt den Patienten darüber aufzuklären, welche Vor- und Nachteile aus medizinischer, persönlicher oder wirtschaftlicher Sicht für die ambulante oder stationäre Durchführung sprechen.

Konkret muß der Arzt etwa darlegen,

- daß sich bei ambulantem Eingriff intraoperativ die Notwendigkeit zur stationären Weiterbehandlung ergeben kann,

- welche höheren Risiken das ambulante Operieren vor allem in der postoperativen Phase wegen der geringeren ärztlichen bzw. pflegerischen Kontrolldichte in sich birgt,

- welche Auswirkungen sich auf die persönlichen Verhältnisse des Patienten und seiner Angehörigen aus wirtschaftlicher Sicht oder unter dem Aspekt einer mehrtägigen Betreuung ergeben können,

- welche Bedingungen in fachlich-personeller, apparativ-technischer und anästhesiologischer Hinsicht bestehen.

Ein besonderer Hinweis ist für den Fall erforderlich, daß der Eingriff nach überwiegender Ansicht des Fachgebiets stationär erfolgt und der

Arzt zu den noch wenigen „Pionieren" gehört, die eine ambulante Durchführung wagen.

b. Auch der Zeitpunkt der Aufklärung spielt eine gewichtige Rolle, da der Patient stets Gelegenheit haben muß, in Ruhe „zwischen der Aufklärung und dem Eingriff das Für und Wider der Operation", die Vor- und Nachteile ihrer stationären bzw. ambulanten Durchführung zu bedenken und sich im Anschluß daran innerlich frei dafür oder dagegen zu entscheiden. Nach Ansicht des BGH (3) ist bei „normalen" ambulanten Eingriffen die Aufklärung „noch am Tag des Eingriffs" rechtlich bedenkenfrei, „bei größeren Eingriffen mit beträchtlichen Risiken" dagegen möglicherweise verspätet, da ja grundsätzlich die Aufklärung vor der Absprache des OP-Termins und nur ausnahmsweise am Tag vor der Operation erfolgen muß bzw. darf.

Unstreitig genügt ein Hinweis auf mögliche Komplikationen unmittelbar vor dem Eingriff auf dem Flur zum Operationssaal nicht. Der Patient darf nämlich nicht den Eindruck gewinnen, „sich nicht mehr aus einem bereits in Gang gekommenen Geschehensablauf lösen zu können". Ein Aufklärungsgespräch kurz vor dem Eingriff ist daher nur dann akzeptabel, wenn der Patient

- ausreichend vorinformiert,
- nicht schon sediert ist,
- nicht unter psychischem Druck steht und
- ausdrücklich die nachfolgende Operation wünscht.

Trotzdem ist dringlich zu raten, die Aufklärung zeitlich in den Bereich der ambulanten Voruntersuchung vorzuverlagern und sich den Verzicht auf eine längere Überlegungsfrist schriftlich bestätigen zu lassen.

2. Sicherungs- bzw. therapeutsche Aufklärung

Neben der Risiko- oder Eingriffsaufklärung spielt die Sicherungs- bzw. therapeutische Aufklärung beim ambulanten Operieren eine zentrale Rolle. Der Patient muß Hinweise zum Heilungsverlauf,

Anweisungen, Empfehlungen und Verhaltensmaßregeln für die postoperative Phase erhalten, um Komplikationen zu vermeiden und einen möglichst ungestörten Therapieverlauf zu gewährleisten. Konkret geht es hier um die Vereinbarung und Einhaltung von Vorstellungsterminen, die Beobachtung von Auffälligkeiten, die erforderliche Mobilisation, die Einhaltung der Hygiene, das Verhalten bei Auftreten einer Komplikation, Empfehlungen zur Thromboseprophylaxe, die Absprache von Hausbesuchen, die Einschaltung von Pflege- und Hilfspersonen, die Organisation der Heimfahrt, die Aufklärung über die mangelnde Verkehrstüchtigkeit infolge der Nachwirkungen der Narkose, Diäthinweise, die Bedeutung der Nahrungs- und Flüssigkeitskarenz, um nur die wichtigsten Aspekte zu nennen.

3. Form der Aufklärung

Die Aufklärung ist formlos gültig, aber aus Beweisgründen ist der wesentliche Inhalt des Aufklärungsgesprächs und sein Zeitpunkt unbedingt schriftlich zu dokumentieren.

III. Prä- und postoperative Behandlungspflichten des Operateurs

1. Präoperative Phase

a. Der Operateur ist an den Auftrag einweisender oder überweisender Ärzte zur ambulanten Durchführung des Eingriffs nicht gebunden, d.h. die Tätigkeit des Operateurs ist nicht „lediglich auf die technische Ausführung des Auftrages" im Sinne eines „Werkzeugs ohne eigene Verantwortung" begrenzt. Der Operateur bestimmt vielmehr nicht nur „in eigener Verantwortung die Art und Weise der Leistungserbringung" (z.B. ob der Eingriff ambulant durchführbar ist), „sondern er muß auch prüfen, ob die von ihm erbetene Leistung den Regeln der ärztlichen Kunst entspricht und nicht etwa kontraindiziert ist." Dazu gehört auch die Erforschung der häuslichen Verhältnisse und des persönlichen Umfelds des Patienten. Ist dieser kritiklos und uneinsichtig, lebt er allein ohne Möglichkeit häuslicher Pflege durch Ehepartner, Angehörige, Freunde oder

Bekannte, spricht dies entscheidend gegen die Vornahme des geplanten Eingriffs.

Operateur und Krankenhausträger sollten sich stets bewußt sein, daß unzureichende Voruntersuchungen, ungenügende Vorbereitungen und das Fehlen entscheidender Befunde oftmals die auslösende Ursache für Zwischenfälle oder nicht sofortige adäquate Reaktionen sind.

b. Präoperativ muß der Patient daher vom Operateur zu einer Voruntersuchung einbestellt werden, wenn der vorbehandelnde Arzt keine Diagnose gestellt und keine Befunde erhoben hat. Anderenfalls muß der vorbehandelnde Arzt dem Operateur die für die ambulante Durchführung des Eingriffs nötigen Informationen (über präoperative Diagnostik, Indikationsstellung, die bisherigen Behandlungsmaßnahmen, persönliches Umfeld) zukommen lassen. Denn Doppeluntersuchungen sollen nach Möglichkeit vermieden werden (§ 4 des dreiseitigen Vertrages).

c. Der Operateur darf daher im Rahmen kritischer Prüfung der Patientenunterlagen der Diagnose und den Therapievorschlägen des vorbehandelnden Arztes folgen. Sind jedoch offensichtliche Fehler oder Umstände erkennbar, die insoweit Zweifel an der Richtigkeit der Diagnose nahelegen, sind z.B. „die übernommenen Befunde mit dem bestehenden Krankheitsbild nicht in Übereinstimmung" zu bringen oder weichen sie „von anderen Befunden auffallend" ab, darf sich der behandelnde Arzt auf die Vorbefunde nicht verlassen.

Allgemein gilt der Rat: Je größer das Risiko eines Untersuchungsfehlers und je größer die daraus resultierende Gefährdung des Patienten, um so größere Skepsis ist geboten, anders formuliert, um so mehr Kontrolle statt Übernahme vorhandener Befunde ist erforderlich, um so enger sind die Grenzen des Vertrauensgrundsatzes.

2. Postoperative Phase

Bezüglich des postoperativen Stadiums heißt es in § 2 Abs. 1 des dreiseitigen Vertrages:

„Der verantwortliche Arzt muß sich vergewissern und dafür Sorge tragen, daß der Patient nach Entlassung aus der unmittelbaren Betreuung des operierenden Arztes auch im häuslichen Bereich sowohl ärztlich als ggf. auch pflegerisch in qualifizierter Weise versorgt wird".

Auf welche Weise dies geschehen soll, sagt der Vertrag aber leider nicht, obwohl in dieser Frage ein erhebliches Haftungspotential steckt. Denn gerade das postoperative Stadium ist bekanntermaßen besonders gefahrenträchtig, wie die Häufigkeit von Zwischenfällen und die vielen Gerichtsurteile beweisen, die die Haftung des Krankenhausträgers und/oder Arztes mit Organisationsmängeln bei der postoperativen Nachsorge und Überwachung begründet haben.

Aus haftungsrechtlicher Sicht sind die aufgeworfenen Fragen wie folgt zu lösen:

a. Mit der Übernahme der ärztlichen Behandlung wird der für die Operation verantwortliche Arzt - meist ist dies zugleich der Operateur - zum Garanten dafür, daß vermeidbare Risiken vom Patienten abgewendet und der Eintritt vermeidbarer Schäden verhindert werden. Insoweit trägt er auch die Organisationsverantwortung, d.h. der Operateur ist dafür verantwortlich, daß eine qualitative postoperative Versorgung des Patienten in ärztlicher und pflegerischer Hinsicht zu Hause zur Verfügung steht. Eine Betreuungslücke darf es nicht geben! Dies gilt unabhängig davon, ob der Patient im Krankenhaus oder in der Arztpraxis, aufgrund einer Überweisung oder nach direkter Kontaktaufnahme ambulant operiert wird.

b. Das bedeutet im einzelnen:

(1.) Die postoperative Überwachung und Kontrolle des Patienten nach einer ambulanten Operation setzt voraus, daß die häusliche Versorgung sowie die Kontaktaufnahme mit dem Operateur oder einem qualifizierten Vertreter jederzeit möglich ist. Entsprechende personelle und technische Voraussetzungen (z.B. Telefon) müssen daher auf beiden Seiten gegeben sein. Erklärt sich eine zum Haushalt gehörende oder sonstige Person zur Nachsorge bereit, ist dies verbindlich, sollte aber aus Beweisgründen durch deren Unterschrift dokumentiert werden.

(2.) Gemäß § 7 des dreiseitigen Vertrages ist nach Durchführung der ambulanten Operation dem Patienten „eine für den weiterbehandelnden Vertragsarzt bestimmte Kurzinformation mitzugeben, aus der die Diagnose, Therapieangaben, angezeigte Rehabilitationsmaßnahmen sowie die Beurteilung der Arbeitsfähigkeit hervorgehen". Der rasche und umfassende Informationsfluß sowie die enge vertrauensvolle Kooperation zwischen allen beteiligten Ärzten ist unverzichtbare Grundvoraussetzung des ambulanten Operierens.

(3.) Eine eigene Aktivität des Operateurs durch tägliche Telefonabfrage, Erkundigung nach Beschwerden oder bestimmten Symptomen, die für etwaige Komplikationen charakteristisch sind, ist nicht erforderlich. Andererseits genügt auch nicht die bloße Übergabe eines Merkzettels mit der Telefonnummer des Krankenhauses, mit der man eine Schwester erreicht, oder die Verweisung auf den ärztlichen Notdienst.

(4.) Der Operateur bzw. der verantwortliche Arzt muß vielmehr im Rahmen des ihm Möglichen und Zumutbaren die gebotenen Maßnahmen ergreifen, um die dem Kranken drohenden Gefahren fernzuhalten. Dazu gehört beim praxisambulanten Operieren, daß der niedergelassene Operateur die jederzeitige Möglichkeit der Krankenhausaufnahme („ein freies Bett") sicherstellt. Beim klinikambulanten Operieren ist zu differenzieren: Wird der Patient nicht an den überweisenden Arzt zurücküberwiesen (etwa weil dessen Qualifikation für die Nachsorge nicht ausreicht), muß der Operateur die ärztliche Betreuung des Patienten nach der Entlassung aus dem Krankenhaus selbst oder durch andere Krankenhausärzte vornehmen bzw. durchführen lassen. § 5 des dreiseitigen Vertrages läßt dies ausdrücklich zur Sicherung und Festigung des Behandlungserfolges zu, wobei allerdings die Behandlungsdauer 14 Tage nicht übersteigen „soll", ohne daß es „einer erneuten Überweisung bedarf".

Wenn dies nicht möglich (wegen der erheblichen Vorhaltekosten) oder nötig ist, verbleibt es bei einem Sicherstellungsauftrag der Vertragsärzte, der auch die postoperative Nachsorge des ambulant operierenden Patienten umfaßt, d.h. die im Krankenhaus tätigen Ärzte dürfen die postoperative Betreuung auf den - auch fachfremden - „Hausarzt" delegieren, wenn und soweit davon auszugehen ist, daß dazu sein „Standardwissen" ausreicht. Insoweit bedarf es aber konkreter Absprachen mit dem nachbehandelnden („Haus"-)Arzt, die der verantwortliche Arzt (Operateur) aufgrund seiner „Garantenhaftung" arrangieren und verbindlich (aus Beweisgründen: schriftlich) treffen muß.

(5.) Nach größeren Eingriffen ist ein Hausbesuch am Abend des Operationstages sinnvoll, unter Umständen sogar geboten. Wer diesen zu machen hat, muß in Zusammenarbeit zwischen Krankenhaus und niedergelassenen Ärzten („Hausarzt" des Patienten) klar und verbindlich geregelt sein. Sind spezielle Kenntnisse erforderlich oder bedarf es wegen der Art bzw. Schwere des Eingriffs der besonderen Erfahrung und eines besonderen Fachwissens des Operateurs, dann trifft ihn die Verantwortung für die Überwachung und Betreuung des Patienten und damit die etwaige Hausbesuchspflicht. Diese kann er natürlich auch auf einen anderen kompetenten Krankenhausarzt delegieren. War dies von vornherein absehbar, erscheint die stationäre Durchführung des Eingriffs u.U. kostengünstiger und daher der ambulante Weg unter wirtschaftlichen Aspekten verfehlt.

IV. Dokumentation

Die exakte ärztliche Dokumentation aller medizinisch relevanten Fakten ist im Rahmen des ambulanten Operierens wegen des häufigen Zusammenwirkens mehrerer Ärzte ein besonders wichtiges Hilfsmittel für die notwendige Information der Beteiligten und damit für die sachgerechte Behandlung des Patienten. Sie dient der Qualitätssicherung in der Medizin und ist zugleich ein "Steuerungs- und Kontrollinstrument der für die Behandlung Verantwortlichen" im Rahmen arbeitsteiliger ärztlicher Kooperation.

Abgesehen davon ist die vertrauenswürdige ärztliche Dokumentation aber auch aus haftungsrechtlichen Gründen unverzichtbar, da mangelhafte oder fehlende Aufzeichnungen im Prozeß zu Beweiserleichterungen, u.U. sogar zur Beweislastumkehr zu Lasten des Arztes führen.

V. Schlußbemerkung

Der Trend „ambulant vor stationär" ist vielleicht (?) ein Gebot wirtschaftlicher Vernunft. Aber: Das individuelle Schicksal, Leben und Gesundheit des einzelnen Patienten haben bei der Abwägung „ambulant oder stationär" eindeutig Vorrang vor dem Aspekt des Preises und des wirtschaftlichen Aufwands. Anderenfalls besteht die Gefahr, daß finanzielle Anreize oder finanzieller Druck unkritische Operateure zur Vornahme von Eingriffen verführen könnten, denen sie nicht gewachsen sind und für die ihre Krankenhaus- bzw. Praxisausstattung ungeeignet ist. Ambulantes Operieren als Sparmodell: Ja, aber gespart werden darf nicht an Qualität, Sicherheit und Sorgfalt zum Schutz des Patienten!

Anmerkungen

(1) *Steffen*, MedR 1995, 360, 361
(2) OLG Düsseldorf, VersR 1994, 352; *Steffen*, a.a.O., 361
(3) BGH MedR 1995, 20

Mögliche Brücken zwischen Klinik, Praxis und Pflege - Das Regensburger Modell am Caritaskrankenhaus St. Josef -

Michael Frank

Das am 1. Januar 1993 in Kraft getretene Gesundheitsstrukturgesetz und die neue Bundespflegesatzverordnung brachten für Krankenhäuser zum einen eine Veränderung des bisherigen Finanzierungs- und Entgeltsystems, zum anderen führen sie auch zu Strukturveränderungen im Innen- und Außenverhältnis der Institution Krankenhaus.

Die neuen Behandlungsformen, wie vor-, nach- und teilstationär und das ambulante Operieren müssen auch als Chance für den kranken Menschen gesehen werden, einen Krankenhausaufenthalt zu vermeiden bzw. die Verweildauer im Krankenhaus zu verkürzen. Die Realisation dieser möglichen Leistungsangebote bringt neue Aufgabenfelder für die Krankenhäuser, den Bereich der niedergelassenen Ärzte und die ambulanten Dienste, die sich langfristig nur mit einem qualitativ ausgestatteten Angebot beantworten lassen. Ein mögliches Angebot zur Realisation kann die Vernetzung der stationären und ambulanten Dienste sein.

Vernetzung im Sinne einer gut funktionierenden Kooperation

Nach dem erwerbswirtschaftlichen Konkurrenzdenken ist es nur natürlich, nur auf Kosten ‚des anderen' etwas zu erreichen bzw. den Konkurrenten möglichst viel abzunehmen oder vorzuenthalten.

Im Erfolg des einen wird der Mißerfolg des anderen, im Wohlstand des einen der Übelstand des anderen gesehen.

Diese ‚Logik der Subtraktion' ist im bedarfswirtschaftlich strukturierten, ordnungspolitisch anders untermauerten Markt des Gesundheitswesens keinesfalls angemessen. Der Arbeitserfolg des einzelnen hängt in zunehmendem Maße an der Zusammenarbeit mit anderen ab.

Den Beteiligten an der Versorgung des Patienten/des zu Pflegenden ist in das Bewußtsein zu führen, daß sie das Interesse aller wahrzunehmen haben, wenn sie ihr eigenes Interesse realisieren wollen. Wer will, daß es seinem Patienten (und ihm selbst) wohlergeht, muß wollen, daß es diesem Patienten (und den anderen) überall wohlergeht.

Der Erfolg des einen ist im Erfolg des anderen, das Wohl des einen im Wohl des anderen zu erkennen.

Es kann keine ‚Logik der Subtraktion', sondern nur eine ‚Logik der Addition' für die Krankenhäuser, niedergelassenen Ärzte, Sozialstationen, ambulante und stationäre Dienste gelten (Dr. Hahn, Offenburg).

Um die Chancen der Veränderungen im Gesundheitswesen effektiv und sinnvoll zu nutzen ist zwingend, sich auf neue Ideen, Konzepte und erweiterte Leistungsangebote einzulassen.

Der Caritas-Verband für die Diözese Regensburg mit seinen Sozialstationen Stadt/Land und dem Caritas-Krankenhaus St. Josef in Regensburg erweitern daher mit dem Regensburger Modell das Leistungsangebot für Patienten, Angehörige, niedergelassene Ärzte, Krankenkassen, Medizinischen Dienst und stationäre Pflegeeinrichtungen. Qualität wird in Zukunft auch durch eine enge Verzahnung ambulanter und stationärer Dienste sichergestellt.

Die konzeptionelle Gestaltung des Regensburger Modells beinhaltet die Vernetzung stationärer und ambulanter Dienste mit den vier Themenschwerpunkten:

- Optimierung der Information und Kommunikation
- situationsorientierte Angehörigenarbeit

- Abstimmung in der Kooperation niedergelassener Arzt/Krankenhausarzt
- organisierter Transfer von der stationären in die ambulante Versorgung (Pflege-Überleitung).

Anhand des Projektmanagements lassen sich die einzelnen Phasen der Entwicklung unseres Modells sehr gut skizzieren. Start war der 19. April 1994. Caritas-Direktor Msgr. *Robert Hüttner* und die Geschäftsführung des Caritas-Krankenhauses St. Josef, die Firma Pro Cura, Gesellschaft für Unternehmensberatung und Management im Krankenhaus mbH, Nürnberg, initiierten eine Gesprächsrunde mit den Vertretern der Sozialstationen Stadt und Land, dem Caritas-Krankenhaus St. Josef und der Kath. Akademie für Pflegeberufe in Bayern. In dieser Gesprächsrunde wurde eingehend der Handlungsbedarf erörtert und die konkreten Vorgaben des Trägers für dieses Modell festgehalten.

Zur Problemanalyse

a) Im Mittelpunkt der Forderungen des KHG steht die erklärte Absicht der Regierungskoalition, sogenannte Fehlbelegungen in Akut-Krankenhäusern abzubauen.

b) Die Versicherten haben einen gesetzlichen Leistungsanspruch nach SGB V, § 27 Krankenbehandlung, § 37 häusliche Krankenpflege, § 39 Krankenhausbehandlung und Anspruch nach dem Gesetz zur sozialen Absicherung des Risikos der Pflegebedürftigkeit (Pflege-VG) im Sozialgesetzbuch XI.

c) Derzeit ist der Transfer von der stationären in die ambulante Versorgung teilweise organisiert. Es findet wenig Kommunikation und Koordination zwischen den verschiedenen Diensten statt.

d) Sowohl die Pflegebedürftigen als auch die Angehörigen werden häufig völlig unvorbereitet vor die vollendete Tatsache gestellt.

e) Die Pflegesituation bringt Belastungen körperlicher und psychischer Art; nicht selten erkranken die Angehörigen oft selbst.

Folgende Konzeptidee ist dem Regensburger Modell hinterlegt:

a) Das Caritas-Krankenhaus St. Josef stellt sich frühzeitig der Herausforderung durch die Veränderungen des KHG, z.B. vor- und nachstationäre Behandlung, ambulantes Operieren, Verkürzung der Verweildauer, Entgegenwirkungen von Fehlbelegungen.

b) Ergebnisse und Maßnahme des Projektes sind eine sinnvolle Erweiterung des Leistungsangebotes für Patienten und Angehörige.

c) Das Projekt leistet einen nicht zu unterschätzenden Beitrag zur Sicherung der Marktposition des eigenen Krankenhauses in der Region.

d) Dieses Konzept regelt die Vernetzung der stationären und ambulanten Dienste.

e) Der Patient soll wieder möglichst rasch und reibungslos nach derVersorgung im Krankenhaus in seine vertraute soziale Umgebung zurückkehren können.

f) Der Patient und seine Angehörigen sollen ermutigt werden, die pflegerische und soziale Hilfe der ambulanten und häuslichen Pflege vermehrt und frühzeitig in Anspruch zu nehmen.

g) Das bedarfsgerechte und patientenorientierte Pflegekonzept des Krankenhauses fördert die soziale Integration.

Zur praktischen Umsetzbarkeit (Evaluierung):

Wir sind im Caritas-Krankenhaus St. Josef der Überzeugung, daß dieses Projekt nur dann umzusetzen ist, wenn sowohl eine vorhergehende

Sensibilisierung sowie Bewußtseinsbildung für die Problematik bei den Mitarbeitern vor Ort - am Krankenbett - erfolgt, als auch zudem ein gezielter Ansprechpartner zur Verfügung steht, der die Kompetenz, das fachliche Know-how, die logistischen Abläufe und vor allem den Freiraum hat, sich der anstehenden Probleme anzunehmen. Darum haben wir in diesem zentralen Punkt des Regensburger Modells der Pflege-Überleitung oberste Priorität eingeräumt. Ohne einen benannten Ansprechpartner geht manches, aber nicht sehr viel. Die Beraterin für Pflege-Überleitung ist bereits zum 1.10.1995 eingestellt. Ziel dieser neuen Stelle ist die Überleitung von der stationären Versorgung in die häusliche Pflege. Die Beraterin für Pflege-Überleitung bereitet im Krankenhaus in enger Zusammenarbeit mit Ärzten, Pflegenden, Krankenkassen, Sozialdienst und Angehörigen die Entlassung des Patienten vor und koordiniert alle für die häusliche Versorgung notwendigen und verfügbaren Hilfen.

Die weitere Implementierung des Regensburger Modells in die Praxis wird durch folgende Maßnahmen begleitet:

Darstellung der Themenbereiche

nach

Handlungsbedarf-Ziel-Maßnahme-Zielgruppe-Organisation

mit Implementierung in die Praxis

Priorität	Handlungsbedarf: Optimierung der Information und Kommunikation				Zeitraster
	Ziel	**Maßnahme**	**Zielgruppe**	**Organisation**	**Quart.**
1 2 3	Kenntnis über Pflegeversicherungsgesetz und Sozialgesetzbuch V/XI	Fortbildungsveranstaltung	KH-Ärzte, Sozialdienst, Mitarbeiter im KH, Berater/in für Pflegeüberleitung	AFW/ Referat CV	I/96
1 2 3	Kenntnis des Leistungsangebotes einer Sozialstation	Info-Veranstaltungen	KH-Ärzte, Stat.-L., Niedergelassene Ärzte, Sozialdienst	Referat CV AFW	II/96
1 2 3	Kenntnis über Sitz und Erreichbarkeit der Sozialstationen	Verzeichnis aller Stationen u. deren Einsatzgebiet mit Erreichbarkeitsmöglichkeiten in Form von Broschüren	Mitarbeiter KH, Patienten, Angehörige, KH-Ärzte, niedergel. Ärzte, Sozialdienst	Referat CV Berater/in für Pflegeüberleitung	III/96

Priorität	Handlungsbedarf: Optimierung der Information und Kommunikation				Zeitraster
	Ziel	**Maßnahme**	**Zielgruppe**	**Organisation**	**Quart.**
1 2 3	Erfahrungsaustausch Kennenlernen der Arbeitsfelder im KH und Sozialstation	Hospitation	Mitarbeiter des KH und Sozialstation	Referat CV Pflege-direktion	I/97
1 2 3	Verbesserung der Übergaben	Verlegungsberichte Pflegevisite Überleitungsge-spräche	Mitarbeiter im SST und KH, Krankengymnasten, KH-Ärzte/Haus-ärzte	Referat CV Berater/in für Pflege-Über-leitung Pflege-direktion	I/97
1 2 3	Qualitätssicherung	Fortbildungen - fachbezogen - allg. Themen	Mitarbeiter aus der SST/KH	Referat CV AFW	II/97
		Qualitätszirkel-gruppen	Stat.-.L.,Sozialarb., PD, Stationsarzt, MA der Pflege und SST, Berater/in für Pflege-Überleitung	Referat CV PD	
1 2 3	Weiterentwicklung des Regensburger Modells	Regionale Konferenzen Info u. Feedback in den STL.-Bespr. (ähnliche Info-abende)	alle beteiligten Berufsgruppen an der Vernetzung	Referat CV u. Berater/in für Pflege-Überleitung Pflege-direktion	III/97

Priorität	Handlungsbedarf: Situationsorientierte Angehörigenarbeit				Zeitraster
	Ziel	**Maßnahmen**	**Zielgruppe**	**Organisation**	**Quart.**
1 – 2 – 3	Frühzeitige Benachrichtigung einer Sozialstation, damit die Sozialstation genügend Zeit hat zu planen und mit den Angehörigen vor Eintritt der Pflegesituation in Kontakt treten kann	Kontakt zur Sozialstation herstellen. Vor Entlassung Erstbesuch im Krankenhaus.	Patienten und Angehörige Mitarbeiter im KH	Berater/in für Pflege-Überleitung	III/96
1 – 2 – 3	Systematische Vorbereitung der Angehörigen zu Hause. Probleme ernst nehmen und möglichst schon vor Beginn der Hauspflege berücksichtigen und besprechen.	Beratung zur Anpassung des Haushaltes an die Pflegesituation - Einrichtung des Zimmers - Pflegebedarfsermittlung - Pflegeplanung und Dokumentation - Erstellen eines Maßnahmekataloges	Angehörige	Berater/in für Pflege-Überleitung Mitarbeiter im KH	III/96
1 – 2 – 3	Pflegefähigkeit und Pflegebereitschaft von Angehörigen fördern und erhalten	Beratung und Anleitung . Anbieten und Durchführung von häuslichen Krankenpflegekursen . Pflegerische Beratung . Anleitung der Angehörigen zur Mithilfe . Beratung und Anleitung zum Einsatz und Umgang mit Hilfsmitteln . Kontinuierliche Betreuung der Angehörigen	Angehörige	Mitarbeiter im KH/SST Berater/in für Pflege-Überleitung	III/96
		Anbieten und Durchführung von häuslichen Pflegekursen	Angehörige	Referat CV Leitung d. SST	IV/96

Priorität	Handlungsbedarf: Situationsorientierte Angehörigenarbeit				Zeitraster
	Ziel	**Maßnahme**	**Zielgruppe**	**Organisation**	**Quart.**
1 — 2 — 3	Prophylaktische Interventionen, damit Angehörige für sich Freiräume schaffen und die Isolation der Pflegesituation durchbrechen. Die Pflege eines alten Elternteils durch die Kinder als bewußte Entscheidung und nicht als Selbstverständlichkeit durch frühzeitige gute Information über die vielfältigen Hilfen und Entlastungsmöglichkeiten	Entlastungsmöglichkeiten aufzeigen: . Kurzzeitpflegeaufenthalt . Angehörigengruppe . Tagespflege . Reha-Maßnahmen . Mobile soziale Dienste: . - Essen auf Rädern . - Einkaufshilfen . - Hol- und Bringedienst . Ehrenamtliche Mitarbeiter	Angehörige	Mitarbeiter im KH Berater/in für Pflege-Überleitung Sozialdienst Sozialstationen	III/96
1 — 2 — 3	Fachliche Unterstützung bei der Erarbeitung von Konfliktlösungen - Selbsthilfemöglichkeiten schaffen	Beratende Hilfe: . Vermittlung an spezielle Beratungsstellen Beratende Hilfe kann eingebunden sein in andere soziale Dienste: . ambulante Sozialstationen . Spez. Beratungsstellen . Sozialdienst im Krankenhaus Aufbau von fachlich geleiteten Selbsthilfegruppen	Angehörige und Patienten	Sozialdienst im KH allgemeiner Sozialdienst im CV	III/96
1 — 2 — 3	Personen im sozialen Umfeld zur Unterstützung gewinnen	Ehrenamtliche Hilfeleistungen anregen und anleiten Gemeindebezug herstellen	Politische und kirchliche Gemeinde	Referat CV Sozialstationen	1/97

Transfer des Regensburger Modells in die Praxis

FALLBEISPIEL

Januar/Februar 1996

Herr F, 59 Jahre, befindet sich im Finalstadium, will zu Hause sterben

Diagnose: metastasierendes Prostata-CA (inoperabel)

Pflegeanamnese von Krankenhaus-Station

- ⇨ Herr F. befindet sich in einem sehr reduzierten AZ (15 kg Gewichtsabnahme in den letzten 3 Monaten)
- ⇨ Herr F. hat kaum Appetit, erbricht häufig
- ⇨ 3 bis 4mal täglich unkontrollierbarer Teerstuhl
- ⇨ Herr F. liegt fast nur im Bett, sehr eingeschränkte Mobilität wegen der Schwäche
- ⇨ Schmerzen über den Körper verteilt
- ⇨ Dekubitalgeschwür Grad I in der Steißgegend

Pflege- und Sozialanamnese für den häuslichen Bereich:

- ⇨ Herr F. lebt selbständig alleine und in den letzten Jahren (seit dem Tod seiner Lebensgefährtin) ziemlich isoliert von der Außenwelt (kein Telefon!)
- ⇨ Herr F. besitzt nur einen Hund, an dem er sehr hängt
- ⇨ Herr F hat einen Freund, der sich jetzt auch um den Hund kümmert
- ⇨ Herr F. hat zwei Brüder, Kontakt war allerdings auch in den letzten Jahren abgerissen. Seit er krank ist, wurde der Kontakt wieder aufgenommen;
- ⇨ Herr F. hat noch eine Kohlenheizung zu Hause
- ⇨ Herr F. hat noch keine Hilfsmittel zu Hause, mußte auch noch keine fremde Hilfe, außer den Hausarzt in Anspruch nehmen
- ⇨ Die Aktivitäten des täglichen Lebens sind sehr eingeschränkt (wie Haushalt führen, einkaufen, Essen machen, heizen)

PFLEGEPLANUNG: Station		
Problem:	**Ziel:**	**Maßnahme**
schlechter AZ, Appetitlosigkeit, Erbrechen	Herr F. baut nicht so schnell ab, kann das Essen im Magen behalten	⇨ bekommt Wunschkost ⇨ spezielle Ernährungsergänzung für CA-Pat. (Sondenkost) ⇨ kleinere Portionen über den Tag verteilt ⇨ Medikamente gegen den Brechreiz
Stuhlinkontinenz	Inkontinenz unter Kontrolle bekommen	⇨ Herr F. bekommt eine Windeleinlage, wird mehrmals täglich gewechselt und dokumentiert ⇨ Hb-Kontrollen
Immobilität	Herr F. kann sich wieder mehr bewegen	⇨ Nachtstuhl neben das Bett stellen ⇨ oder auf die Toilette führen, je nach AZ ⇨ spezielle Übungen, um Muskelabbau entgegenzuwirken
Schmerzen	Herr F. hat keine oder nur erträgliche Schmerzen	⇨ MST (Morphinpräparat) 4 x täglich oral oder i.m.
Dekubitusgeschwür I	Fortschreitung vermeiden, Heilung fördern	⇨ 2 x täglich VW mit speziell. Wundsäuberung ⇨ und gute Abdeckung wegen Teerstuhl

PFLEGEPLANUNG: für zu Hause		
Problem:	**Ziel:**	**Maßnahme:**
die Hundeversorgung	Hund wird versorgt in seiner Wohnung	⇨ Freund gefragt, ob er sich weiterhin um den Hund kümmern könnte ⇨ macht er
die Kohlenheizung bedienen	die Wohnung muß warm sein	⇨ Freund kümmert sich auch um die Heizung ⇨ schürt früh an
die Essenszubereitung	Ernährung sicherstellen	⇨ Herr F. ist einverstanden, daß er Essen auf Rädern bekommt, Sozialstation würde auch kochen, einkaufen
den Haushalt führen	Wohnung nicht verkommen lassen	⇨ regelmäßige Abfallversorgung ⇨ macht Freund und Sozialstation
Körperpflege, Ernährung, Medikation, VW, Mobilisation	Grundversorgung sicherstellen	⇨ übernimmt alles die Sozialstation ⇨ kommt 3 x tgl.
eingeschränkte soziale Kontakte	vorhandene Kontakte sichern und fördern	⇨ der eine Bruder übernimmt die geschäftlichen Dinge, macht auch öfters Besuche ⇨ im KH geklärt ⇨ der andere Bruder besucht ihn hin und wieder ⇨ angerufen, Bescheid gesagt wegen Entlassung

Abstimmung mit dem Sozialdienst:

⇨ stellt Antrag auf Schwerbehindertenausweis
⇨ Antrag auf Telefonanschluß und Zuschüsse

Abstimmung mit der Sozialstation:

⇨ Herr F. wollte gerne einen Pfleger von einer christlichen caritativen Sozialstation ⇨ passende Sozialstation gefunden, die die gesamte grund- und hauswirtschaftliche Versorgung übernehmen und wo hauptsächlich ein Pfleger zu Herrn F. kommen würde
⇨ Betreffenden Pfleger für Erstkontakt und Klärung noch vorhandener Fragen bzw. für organisatorische Absprachen ins KH einladen ⇨ Besuch war erfolgreich, es konnte für die Entlassung alles festgelegt werden; der eine Bruder war auch zugegen
⇨ zum Informations-Austausch von Sozialstation und KH-Station wurden betreffende Bereichspflegende dazugeholt

Abstimmung mit dem Hausarzt:

⇨ mit dem HA abgesprochen, wann Herr F. entlassen wird und ob er häusliche Verordnung für die Sozialstation ausfüllt, sowie die entsprechende Medikation verordnet ⇨ HA verordnet Entsprechendes

Abstimmung mit anderen Hilfsdiensten:

⇨ Essen auf Rädern durch speziellen Hilfsdienst organisiert, ab Entlassungstag mittags!
⇨ Sanitätshaus liefert 2 Tage vor Entlassung spezielles Krankenbett in die Wohnung von Herrn F
  ⇨ Absprache mit dem Freund zwecks Schlüssel (Nachtstuhl bringt die Sozialstation mit)
⇨ Finanzierung klären:
  Hilfsmittel übernimmt die Krankenkasse nach telef. Absprache!
⇨ häusliche Verordnung ist für 4 Wochen nach der KH-Entlassung vom HA genehmigt!
⇨ Bruder stellt Antrag auf Pflegeversicherung für die Zeit danach!

Zielkontrolle:

⇨ gebe meine Telefonnummer an alle Betroffenen weiter für evtl. Rückfragen
⇨ frage nach einigen Tagen bei der Sozialstation nach, ob alles klappt
⇨ Sozialstation gibt mir Bescheid wenn Herr F. wieder in das Krankenhaus kommt

Statistische Auswertung von Januar bis Juni 1996

Häusliche Versorgung

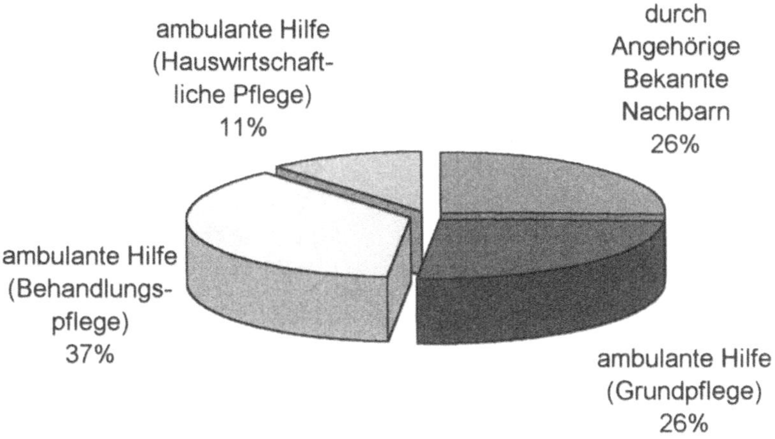

--> Patienten brauchen immer häufiger Unterstützung durch fremde Hilfe und durch spezielle Hilfsangebote oder Hilfsmittel

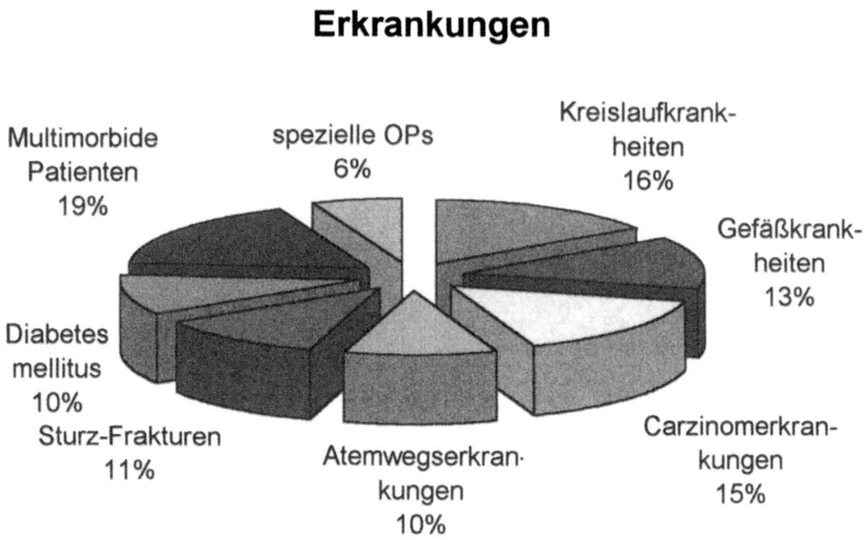
Erkrankungen
Multimorbide Patienten 19%
spezielle OPs 6%
Kreislaufkrankheiten 16%
Gefäßkrankheiten 13%
Diabetes mellitus 10%
Sturz-Frakturen 11%
Atemwegserkrankungen 10%
Carzinomerkrankungen 15%

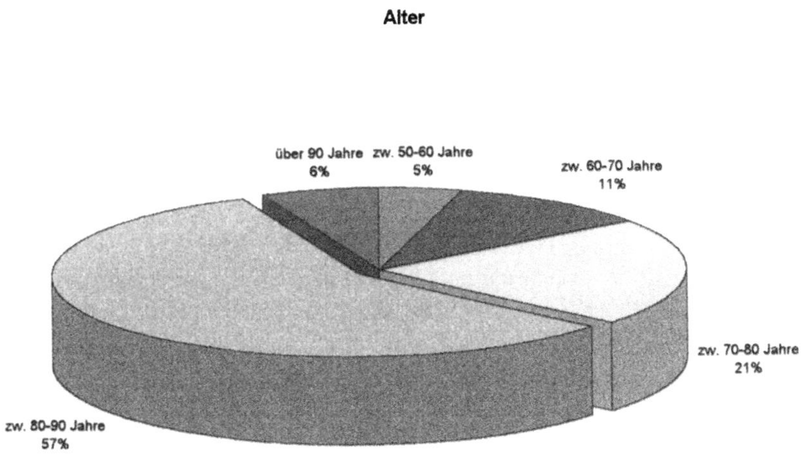

--> Der Großteil der Patienten hat ein hohes Alter und gleichzeitig mehrere Erkarankungen. Zudem lebt die Hälfte der Patienten alleine.
Aufgrund dieser Situation sind die Patienten immer häufiger überfordert, ihre häusliche Umgebung realistisch einzuschätzen. Auch Angehörige und Bekannte sind mit der plötzlichen Pflegesituation meist überlastet.

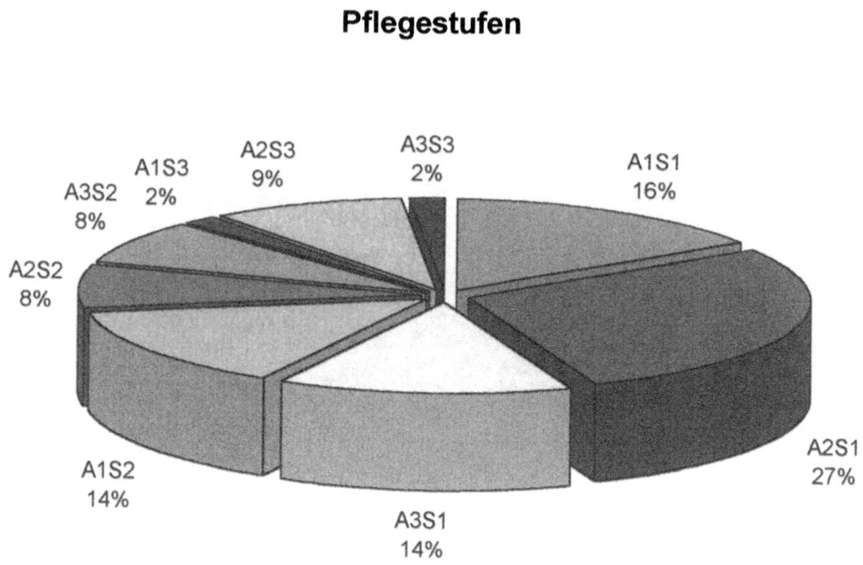
Pflegestufen
A2S3
9%
A3S3
2%
A1S3
2%
A1S1
16%
A3S2
8%
A2S2
8%
A2S1
27%
A1S2
14%
A3S1
14%

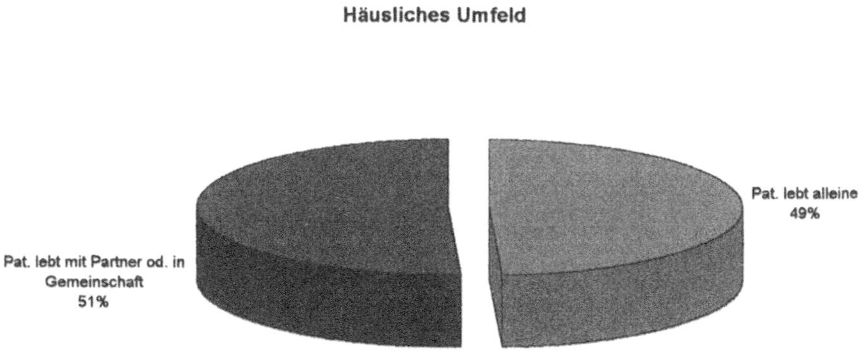
Häusliches Umfeld
Pat. lebt alleine 49%
Pat. lebt mit Partner od. in Gemeinschaft 51%

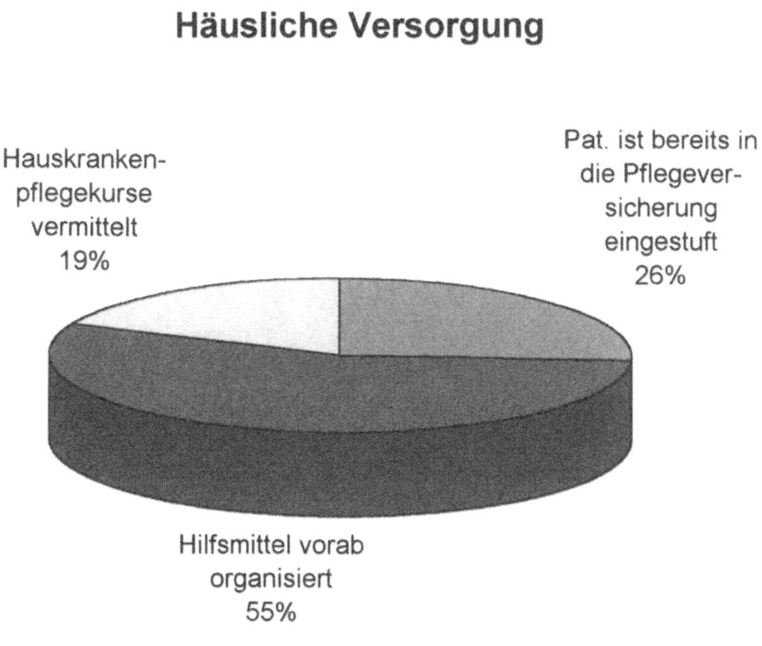
Häusliche Versorgung
Hauskranken-pflegekurse vermittelt 19%
Pat. ist bereits in die Pflegever-sicherung eingestuft 26%
Hilfsmittel vorab organisiert 55%

Die rechtliche Verantwortung der Pflegedienste bei der postoperativen Versorgung ambulant operierter Patienten

Ulrich Steffen

Die Beteiligung ambulanter Pflegedienste an ambulanten Operationen bzw. deren Nachsorge ist neben dem Krankenhaus auch für die Pflegedienste etwas Neues.

Ambulante Pflegedienste erbringen häusliche Krankenpflege nach § 37 SGB V. Die Erbringung häuslicher Krankenpflege erfolgt bisher fast ausschließlich aufgrund hausärztlicher Verordnung und in mehr oder wenig enger Zusammenarbeit mit dem Hausarzt.

Die Patienten, die das Krankenhaus verlassen, werden deshalb bisher mit der Entlassung an die ambulanten Pflegedienste „übergeben". Für den Krankenhausträger oder den Krankenhausarzt werden die ambulanten Pflegedienste in der üblichen ambulanten Krankenpflege nicht tätig.

Mit der Einführung des ambulanten Operierens wird die Zusammenarbeit ambulanter Pflegedienste mit dem Operateur bzw. dem Krankenhausträger deutlich enger, da der Operateur gemäß §§ 2 und 8 des dreiseitigen Vertrags zwischen Kassenärztlicher Bundesvereinigung (KBV), Deutscher Krankenhausgesellschaft (DKG) und gesetzlichen Krankenversicherern (GKV) (1) in die postoperative ambulante Versorgung des Patienten eingebunden wird.

Nach der Empfehlung der Deutschen Gesellschaft für Medizinrecht soll der Operateur die organisatorische Verantwortung dafür tragen, daß die postoperative Versorgung des ambulant operierten Patienten gesichert ist (2). Der Krankenhausarzt hätte in diesem Fall auch die Aufgabe, die pflegerische Versorgung des Patienten sicherzustellen.

Es kommt so zu einer arbeitsteiligen Versorgung von Operateur, ambulantem Pflegedienst und möglicherweise Hausarzt, die es bisher weder bei stationär operierten Patienten noch bei Patienten, die nach einem stationären Krankenhausaufenthalt ambulant weiter versorgt wurden, gab.

Die arbeitsteilige Versorgung bringt für den Pflegedienst, aber auch für den beteiligten Arzt neue Anforderungen mit sich.

1. Vertrags- und haftungsrechtliche Situation

a) Ärztliche Zuständigkeit

Bei der pflegerischen Versorgung ambulant operierter Patienten stellt sich für die Krankenpflegekraft die Frage, welcher Arzt für die Behandlung des Patienten zuständig ist und damit bei der Behandlungspflege als anordnender und verantwortlicher Arzt zur Verfügung steht.

In Betracht kommt der operierende Krankenhausarzt, weil der dreiseitige Vertrag die Möglichkeit einer 14tägigen postoperativen Nachbehandlung des Patienten durch den Krankenhausarzt vorsieht. Es kann aber auch der niedergelassene Vertragsarzt mit der postoperativen Behandlung betraut sein, weil diesen Ärzten die ambulante Versorgung regelmäßig obliegt.

Übernimmt der ambulante Pflegedienst die postoperative Krankenpflege eines Patienten, hat er deshalb zu klären, welcher Arzt für die Behandlung verantwortlich ist. Dieser Arzt ist hinsichtlich der Behandlungspflege anordnungsbefugt und für die zu erbringenden Pflegeleistungen als Teil der Behandlung mitverantwortlich.

Da der ambulante Pflegedienst mit dem Patienten einen Pflegevertrag schließt, haftet er für die Erbringung der Pflegeleistungen nicht als

Erfüllungsgehilfe des Arztes, sondern als Vertragspartner des Patienten gemäß §§ 611, 276, 278 BGB. Die deliktische Haftung ergibt sich aus §§ 823, 831 BGB.

b) Haftungsrechtliche Situation bei der Behandlungspflege
Ein Auftragsverhältnis gemäß § 662 BGB kann sich ergeben, wenn der Pflegedienst im Rahmen der Behandlungspflege Leistungen des Arztes, z.B. eine Injektion, erbringt. Auftraggeber ist der Arzt. Der Pflegedienst würde als Beauftrager durch eine Krankenschwester als Erfüllungsgehilfin unentgeltlich gegenüber dem Arzt eine ärztliche Tätigkeit übernehmen. Daß der Pflegedienst hierfür möglicherweise eine Vergütung von der Krankenkasse erhält, spricht nicht gegen das Auftragsverhältnis (3). Eine Haftung des Arztes für die Krankenschwester könnte sich deshalb aus §§ 662, 276, 278 BGB ergeben. Gegen den beauftragenden Arzt hätte der Patient weiterhin einen Anspruch auf Schadensersatz aus §§ 823 ff. BGB. Der Arzt könnte den Pflegedienst jedoch im Regreß wegen der Schlechterfüllung auf Schadensersatz in Anspruch nehmen. Daneben wäre möglicherweise wegen der Schlechterfüllung der Pflegeleistung auch eine Haftung des ambulanten Pflegedienstes aus §§ 611, 276, 278 BGB gegeben (4).

c) Haftungsrechtliche Situation bei der Grundpflege
Für die ordnungsgemäße Durchführung der pflegerischen Leistungen, die üblicherweise ohne Anleitung und Auftrag des Arztes von der Pflegekraft allein vorgenommen werden (Grundpflege), haftet der ambulante Pflegedienst als Vertragspartner des Patienten gemäß §§ 611, 276, 278 BGB allein. Ein Auftragsverhältnis liegt nicht vor, weil der Pflegedienst eigene Leistungen erbringt. Daneben kommt ebenfalls die deliktische Haftung gemäß §§ 823, 831 BGB in Betracht. Da der Arzt zur postoperativen Nachsorge verpflichtet ist, richtet sich die vertragliche bzw. deliktische Haftung aber auch gegen ihn, soweit ihm zur Last gelegt werden kann, daß er die Pflege des Patienten nicht genug beaufsichtigt hat. Der Arzt ist nämlich für die Nachbetreuung im häuslichen Bereich verantwortlich. Die Verpflichtung zur postoperativen Betreuung des Patienten ist weit zu fassen und umfaßt auch die Kontrolle der Wirksamkeit der pflegerischen Versorgung sowie notfalls die aus ärztlicher Sicht notwendige Korrektur dieser Maßnahmen.

2. Qualitätsforderungen an Operateur und ambulanten Pflegedienst

a) Anforderungen an den Operateur

Zu den Sorgfaltsanforderungen, die an den Operateur bei ambulanten Operationen gestellt werden, gehört die Gewährleistung der Facharztqualität (§ 13 des dreiseitigen Vertrags) (5), die Vereinbarung von Qualitätssicherungsmaßnahmen (§ 14 des dreiseitigen Vertrags) sowie die Beachtung der Richtlinie der Bundesärztekammer zur Qualitätssicherung ambulanter Operationen (6) und der Hygieneanforderungen des Bundesgesundheitsamts (7). Damit soll die Einhaltung des Qualitätsstandards stationärer Eingriffe auch bei ambulanten Operationen gewährleistet werden. Grundregel ist, daß das ambulante Operieren nicht mit größeren Risiken behaftet sein darf als das stationäre Operieren (8).

b) Forderungen an den Pflegedienst

Die Prämisse, daß das ambulante Operieren nicht mit höheren Risiken behaftet sein darf als der stationäre Eingriff, gilt selbstverständlich auch für die ambulante pflegerische Versorgung des Patienten. Folglich muß auch vom ambulanten Pflegedienst verlangt werden, daß er eine der stationären Krankenpflege vergleichbare Leistung erbringt.

Dies betrifft zunächst die Qualifikation des Pflegepersonals, die dem der Pflegekräfte im Krankenhaus entsprechen muß. Eine Mitarbeit von Hilfskräften ist deshalb nur in eingeschränktem Umfang möglich, soweit die notwendige Beaufsichtigung durch eine Krankenschwester gewährleistet ist.

Das Pflegepersonal muß aber auch richtig eingesetzt werden. Die Berücksichtigung entsprechender Qualifikationen anhand des Krankheitsbildes des Patienten und möglicher Risiken ist nur möglich, wenn auch der Einsatz des Personals durch eine ausgebildete und erfahrene Pflegedienstleiterin geschieht. Die leitende Pflegekraft hat, wie die Abteilungs- oder Stationsschwester auch, die Aufgabe, den Personaleinsatz zu steuern und in Zweifelsfällen mit dem Operateur oder dem für die postoperative Versorgung verantwortlichen Arzt abzustimmen.

Vor Übernahme der postoperativen Pflege hat der ambulante Pflegedienst zu prüfen, ob und ggf. inwieweit die Krankenpflegekräfte zur Versorgung ausreichend qualifiziert sind, ob es spezieller Kenntnisse bei der Versorgung der Patienten bedarf und ob die notwendigen Pflegehilfsmittel bereitstehen. Dies trifft insbesondere zu, wenn die Versorgung ambulant operierter Patienten mit neuen Pflegetechniken (z.B. Anlegen und Wechseln von Infusionen, Durchführung spezieller Prophylaxen) verbunden ist. Ist der Pflegedienst nicht in der Lage, die erforderlichen qualitativen Anforderungen zu erfüllen, hat er hiervon den behandelnden Arzt zu unterrichten und gegebenenfalls die Übernahme der Pflege abzulehnen.

Daneben sind auch die Krankenpflegekräfte des Krankenhauses verpflichtet, ihre Kenntnisse über die ambulante Krankenpflege aufzufrischen oder zu erhalten; denn sie müssen feststellen, ob eine ambulante Krankenpflege möglich ist.

Zusammengefaßt bedeutet dies: Der Qualitätsstandard stationärer pflegerischer Versorgung ist in entsprechender Anwendung der haftungsrechtlichen Grundsätze bei der ärztlichen ambulanten Versorgung zu gewährleisten. Die Qualitätsforderung bezieht sich neben der Qualifikation der Krankenschwestern und -pfleger auch auf den Einsatz von Pflegehilfsmitteln, die Sicherheit des Patienten und die Erreichbarkeit des Pflegepersonals in Notfällen.

3. Der präoperative Einsatz ambulanter Pflegedienste

§ 2 des dreiseitigen Vertrags bestimmt, daß der Operateur vor einer Entscheidung für die ambulante Operation das häusliche Umfeld des Patienten zu erforschen hat, damit sichergestellt ist, daß der Patient im Anschluß an die Operation durch niedergelassene Ärzte und gegebenenfalls einen Pflegedienst ordnungsgemäß versorgt wird.

Die Erforschung häuslicher Verhältnisse, die Vorbereitung der häuslichen Umgebung auf die postoperative ambulante Versorgung und die

Einbindung von Angehörigen wird der Arzt nur zum Teil selbst organisieren können. Vielmehr wird er für alles, was er nicht gesprächsweise mit dem Patienten klären kann, neben oder anstelle des Hausarztes (auch) den ambulanten Pflegedienst in Anspruch nehmen. Dessen Aufgabe wird es sein, die häusliche Umgebung der erforderlichen pflegerischen Versorgung anzupassen sowie die notwendigen Pflegeutensilien bereitzustellen oder beschaffen zu lassen.

Damit wird dem Pflegedienst unter Umständen eine neue Aufgabe zugewiesen. Hat er bisher seine Tätigkeit erst nach der stationären Versorgung des Patienten aufgenommen, können jetzt auch Vorbereitungsarbeiten zur stationären Versorgung im weitesten Sinne zu seinem Aufgabenbereich gehören.

Das Rechtsverhältnis zwischen Operateur bzw. Krankenhausträger und ambulantem Pflegedienst richtet sich nach § 662 BGB, da der ambulante Pflegedienst sich mit der Vorbereitung der eigenen ambulanten Pflege verpflichtet, die Erforschung des häuslichen Umfelds für den Operateur (unentgeltlich) zu übernehmen. Auch hierfür gilt die Gehilfenhaftung, so daß der Operateur für die Tätigkeit des Pflegedienstes gemäß §§ 662, 276, 278 BGB haftet (9).

Hinsichtlich der Vorbereitung der eigenen Pflegetätigkeit haftet der ambulante Pflegedienst hingegen als Vertragspartner gemäß §§ 611, 276, 278 BGB bzw. unter Umständen auch nach den Vorschriften über die deliktische Haftung (§§ 823 ff. BGB).

4. Versorgung des Patienten mit Pflegehilfsmitteln

Aufgrund § 8 Absatz 1 des dreiseitigen Vertrags erhält der ambulant operierte Patient die erforderlichen Arznei-, Verband- und Hilfsmittel vom Krankenhaus. Die Mittel sollen für eine dreitägige Versorgung des Patienten ausreichen.

Die Versorgungsverpflichtung kann auf den ambulanten Pflegedienst übertragen werden. Damit entsteht für den Pflegedienst eine neue

Verpflichtung, weil der Patient sich bisher die Arznei-, Verband- und Hilfsmittel vom Arzt rezeptieren lassen und selbst beschaffen mußte.

Für die ausreichende Versorgung des Patienten mit Pflegehilfsmitteln haben Krankenhausträger und ambulanter Pflegedienst gemeinsam einzustehen. Der Krankenhausträger muß für die Ausgabe der Pflegehilfsmittel durch den Arzt und die stationären Pflegekräfte Sorge tragen. Dem ambulanten Pflegedienst obliegt es in diesen Fällen, sich über die ordnungsgemäße Ausgabe dieser Mittel zu vergewissern und mit diesen Mitteln den Patienten zu versorgen.

Arbeitet der Krankenhausträger immer wieder mit denselben ambulanten Pflegediensten zusammen, bietet sich unter Umständen die Bewirtschaftung der Pflegehilfsmittel und die Versorgung der Patienten durch den ambulanten Pflegedienst an. In diesem Fall hat der ambulante Pflegedienst für die ausreichende und rechtzeitige Bereitstellung der Pflegehilfsmittel einzustehen.

5. Information des Pflegedienstes durch Krankenhausträger und Operateur

§ 7 des dreiseitigen Vertrags bestimmt, daß nach der Durchführung der ambulanten Operation dem Versicherten eine für den weiterbehandelnden Vertragsarzt bestimmte Kurzinformation mitzugeben ist, aus der die Diagnose, Therapieangaben, angezeigte Rehabilitationsmaßnahmen sowie die Beurteilung der Arbeitsfähigkeit hervorgeht.

Gemäß § 2 Satz 3 des dreiseitigen Vertrages hat der verantwortliche Krankenhausarzt dafür Sorge zu tragen, daß der Patient nach Entlassung aus der unmittelbaren Betreuung des operierenden Arztes auch im häuslichen Bereich sowohl ärztlich als auch ggf. pflegerisch in qualifizierter Weise versorgt wird.

Diese beiden Vorschriften sprechen dafür, daß auch der ambulante Pflegedienst vom Krankenhausarzt bzw. dem stationären Pflegedienst mindestens eine Kurzinformation über die bisherige Pflege des Patienten sowie die zu beachtenden Pflegerisiken erhalten muß. Dies kann direkt oder über den niedergelassenen Vertragsarzt geschehen, der die Informationen an den Pflegedienst weitergibt.

Literatur

(1) Deutsches Ärzteblatt 1990, B - 1955-1957; Text: in *Vollmer* (Hrsg.), Ambulantes Operieren im Krankenhaus, § 115 b SGB V, 1994, S. 13-20.
(2) Vgl. Nr. 7 der Empfehlungen zum Ambulanten Operieren, in: *Graf-Baumann* u.a. (Hrsg): Ambulantes Operieren, Springer Berlin 1994, S. 143.
(3) Vgl. *Rieger*, Rechts- und Vertragsbeziehungen, in: Ambulantes Operieren, Springer Berlin, 1994, S. 83
(4) Vgl. zum Verhältnis Operateur - Arzt: *Rieger*, a.a.O., S. 83
(5) Vgl. zu den Anforderungen *Kern*, Haftungsrechtliche Fragen und Probleme des ambulanten Operierens, NJW 1996, 1561 (1564)
(6) Deutsches Ärzteblatt 1994, B - 1868
(7) Das Krankenhaus 1994, 322
(8) *Kern*, NJW 1996, 1562
(9) Vgl. *Palandt-Thomas*, Bürgerliches Gesetzbuch, 55. Auflage, § 662, Rn. 11

Komplikation - Ermittlungsverfahren - Zivilklage - Wie verhält man sich als Arzt?

Rolf-Werner Bock

I.

Wie verhält man sich nun, wenn sich in der Tat ein Zwischenfall in der Behandlung eines Patienten realisiert oder auch ungerechtfertigt zivilrechtliche Ansprüche geltend gemacht werden bzw. ein staatsanwaltschaftliches Ermittlungsverfahren anhängig wird (vgl. dazu auch: *K. Ulsenheimer/R.-W. Bock*, Verhalten nach einem Zwischenfall, Anästhesiologie & Intensivmedizin 3 (37), 141 - 145, 1996)?

Diesem Komplex möchte ich mich mit einem vielleicht überraschenden Ansatz nähern:

Wenn man sich fragt, worauf die große Zahl von Zivilprozessen, Strafverfahren und auch Gutachterkommissionsverfahren beruht, so fallen einem im Kern vielleicht drei Ursachen auf, nämlich:

- starke Defizite, die sich im früher selbstverständlichen Vertrauensverhältnis zwischen Patient und ihn behandelndem Arzt entwickelten,
- das Gefühl vieler Patienten, einer „anonymen Apparatemedizin" ausgesetzt zu sein, und
- die oftmals zwangsläufig enttäuschte übergroße Erwartung von Patienten und Angehörigen in die Möglichkeiten der Medizin, wobei diese Erwartung gerade infolge des medizinischen Fort-

schritts geweckt wurde und die letztliche Schicksalshaftigkeit von Krankheitsverläufen vergessen ließ; der Mißerfolg einer Behandlung erscheint vor diesem Hintergrund dann nicht als objektiv unvermeidbare Begrenzung medizinischer Möglichkeiten, sondern als Versagen des Arztes .

Aus all dem kann man **auch** folgern, daß die Vermeidung von Auseinandersetzungen nach einem Zwischenfall mit dem ersten Kontakt des Arztes mit dem Patienten beginnt. Denn zu diesem Zeitpunkt kann schon keine wichtige Grundlage für die Entwicklung eines positiven Arzt-Patienten-Verhältnisses im weiteren gelegt werden. Ungeachtet rechtlicher Erfordernisse sollte nicht zuletzt auch vor diesem Hintergrund die Wichtigkeit eines adäquaten „Aufklärungsgesprächs" mit dem Patienten erkannt werden.

Der Aspekt „Vertrauensverhältnis" zieht sich wie ein „roter Faden" durch den gesamten Behandlungsablauf. So finden sich in Strafakten immer wieder Äußerungen von Patienten, man hätte von einer Strafanzeige bei der Staatsanwaltschaft sicherlich abgesehen, wenn der Arzt über die Komplikation „doch etwas gesagt hätte", die Komplikation „doch einmal erörtert" worden wäre. Statt dessen sei man „auf eine Mauer des Schweigens gestoßen".

II.

Damit komme ich zu Einzelheiten des „Verhaltens bei und nach einem Zwischenfall".

1. Unterläuft dem Arzt ein Fehler, ist er nicht verpflichtet, eine Selbstbelastung vorzunehmen. Selbstverständlich ist jedoch sicherzustellen, daß die ordnungsgemäße Weiterbehandlung des Patienten im Sinne einer Schadensvermeidung, Schadensbegrenzung und Schadensunterbindung gewährleistet ist.
   Dies umfaßt möglicherweise auch die Information mit- bzw. nachbehandelnder Ärzte, damit diese sich entsprechend einstellen können.

Vor allem sollte man sein Verhalten von Anfang an auch so einrichten, daß daraus für eine eventuell später erforderliche „Verteidigung" im Rahmen eines Ermittlungsverfahrens keine Nachteile erwachsen können. Der BGH hat in diesem Zusammenhang explizit folgendes ausgeführt:

„Der mögliche Schädiger, auch wenn es sich um einen Arzt handelt, der zu dem Patienten in einem besonderen Vertrauensverhältnis gestanden hat, handelt nicht treuwidrig, wenn er, ohne die Tatsachen zu verdecken oder zu verschweigen, ein schuldhaftes Fehlverhalten leugnet" (MDR 1984, 220).

Insofern ist ein Grundprinzip unseres Strafprozeßrechts berührt.

2. Hinsichtlich des Vorfalls sollte sich der betroffene Arzt, eventuell auch weitere Beteiligte, jedenfalls für sich ein Gedächtnisprotokoll fertigen.

Darin sind alle Umstände des fraglichen Geschehens genauestens aufzuführen, selbst wenn sie zunächst „unbedeutend" erscheinen mögen. Dies dient der Sicherung von Informationen (z.B. Maßnahmen, Zeiten, Zeugen etc.), die in den Krankenunterlagen nicht notwendig festgehalten werden müssen, aber im weiteren Verfahren - vielleicht unerwartete - Bedeutung erlangen können.

Insofern gilt selbstverständlich, daß dieses umfassende Gedächtnisprotokoll nur zur Verwendung durch den Arzt bzw. eventuell seinen Rechtsanwalt dient.

In diesem Zusammenhang ist auch zu berücksichtigen, daß die Krankenunterlagen Beweismittel darstellen und daher der Beschlagnahme durch die Staatsanwaltschaft unterliegen. Darüber hinaus ist auch auf das Einsichtsrecht des Patienten in die Krankenunterlagen zu verweisen. Persönliche Aufzeichnungen gehören nicht zu diesen Krankenunterlagen und sind daher „an geeigneter Stelle" aufzubewahren.

3. Eventuell ist erforderlich, ein Gespräch mit dem Patienten bzw. seinen Angehörigen zu führen, um über die stattgehabte Komplikation zu unterrichten. Dies kann eine wichtige Weichenstellung für den weiteren Gang der Dinge darstellen.

   Das Gespräch sollte nicht in der „ersten Erregung“ und vor allem nicht unüberlegt vorgenommen werden. Von Wertungen oder gar Schuldeingeständnissen bzw. Schuldzuweisungen ist abzusehen. Dies betrifft insbesondere auch das Verhalten beteiligter Kollegen.

   Jedenfalls sollte ein solches Gespräch - eventuell auch durch einen vorgesetzten Arzt - in Anwesenheit eines Zeugen geführt werden, um eine „Versachlichung“ herbeizuführen und um Fehldeutungen (etwa auch im Sinne eines „Schuldeingeständnisses“) vorzubeugen.

4. Die angefallenen Krankenunterlagen sind vorsorglich zu kopieren, da sie, wie bereits ausgeführt, der Beschlagnahme unterliegen und dann zumindest für einen gewissen Zeitraum nicht mehr ohne weiteres zugänglich sind.

   Selbstverständlich dürfen keine nachträglichen Änderungen an den Krankenunterlagen vorgenommen werden.

5. Werden vom Patienten bzw. seinen Angehörigen - eventuell vertreten durch einen Rechtsanwalt - Schadensersatz- und Schmerzensgeldansprüche angemeldet, ist - auf entsprechende Anforderung - zunächst Einsicht in die Krankenunterlagen zu gewähren. Dies geschieht dergestalt, daß Kopien unter Bestätigungen der Vollständigkeit - gegen Kostenerstattung - ausgehändigt werden.

   Spätestens zum Zeitpunkt einer Anspruchsanmeldung ist auch die zuständige Haftpflichtversicherung zu unterrichten. Andernfalls kann der Versicherungsschutz verlorengehen. Letzteres gilt auch, wenn der Arzt selbständig Erklärungen - z.B. im Sinne eines Schuldeingeständnisses - abgibt.

In aller Regel übernimmt die Haftpflichtversicherung dann auch die weitere Sachbehandlung für den Arzt .

6. Selbstverständlich müssen die Haftpflichtversicherung und gegebenenfalls der Dienstherr über den fraglichen Geschehensablauf unterrichtet werden. Eine dahingehende Aufforderung ergeht regelmäßig.

   Diese Darstellung sollte einerseits so gehalten sein, daß sie ein zutreffendes Urteil im Hinblick auf die Abwehr bzw. eine Regulierung der Schadensmeldung ermöglicht. Andererseits darf nicht vernachlässigt werden, daß auch Versicherungs- und Verwaltungsunterlagen der Beschlagnahme im Rahmen eines Ermittlungsverfahrens zugänglich sind. Vor diesem Hintergrund sollte es bei der Darstellung des äußeren Geschehensablaufs, der im übrigen auch aus den Krankenunterlagen nachvollziehbar wird, verbleiben.

7. Sofern ein staatsanwaltschaftliches Ermittlungsverfahren anhängig wird, sollten Sie im Falle eigener Betroffenheit unbedingt prüfen, ob Sie als Zeuge oder Beschuldigter involviert sind bzw. werden sollen.

   Im Falle einer Zeugenstellung steht Ihnen ein beschränktes Aussageverweigerungsrecht zur Vermeidung eigener Belastung durch die Beantwortung bestimmter Fragen zu, was im Einzelfall genau geprüft werden muß. Bei Unsicherheiten ist dieses Aussageverweigerungsrecht sehr weit zu ziehen, da letztlich überhaupt nicht absehbar ist, durch welche Antworten auf welche Fragen eine Selbstbelastung verursacht werden kann. Vielfach wird dann auch die Möglichkeit eingeräumt, - eventuell anhand eines konkreten Fragenkatalogs - schriftliche Angaben machen zu dürfen.

   Hier kann schon die vorsorgliche Beiziehung eines Rechtsanwalts als Zeugenbeistand angeraten sein.

Sollten Sie Beschuldigter sein, ist jedenfalls dringend zu raten, einen versierten Rechtsanwalt mit der Verteidigung zu beauftragen.

Wichtig ist, daß ohne Konsultation eines Rechtsanwalts jedenfalls keine Angaben zu Sache erfolgen. Eine entsprechende schriftliche Stellungnahme wird grundsätzlich der Verteidiger nach Einsicht in die Ermittlungsakte (und diese erhält nur ein Rechtsanwalt) vorlegen.

Die Fertigung dieser Stellungnahme durch den Verteidiger, eine sogenannte „Einlassung", stellt ebenfalls eine wichtige Weichenstellung für das weitere Verfahren dar. Zum einen kann darin eine genaue Sachverhaltsdarstellung aus Sicht des betroffenen Arztes erfolgen, zum anderen können bereits relevante rechtliche Würdigungen angebracht werden. Die Einlassung ist nicht zuletzt auch im Hinblick auf die in aller Regel erfolgende Begutachtung des Behandlungsablaufs durch einen medizinischen Sachverständigen von Bedeutung.

Vielfach wird dem Sachverständigen erst aufgrund der Einlassung der eigentliche Behandlungsablauf nachvollziehbar, so daß er auf dieser Grundlage dann auch zu zutreffenden Ergebnissen gelangen kann.

8. Vielfach wird verkannt, daß nicht nur Zivilklagen und Ermittlungsverfahren, sondern auch berufsgerichtliche Verfahren und approbationsrechtliche Prüfungen auf den Arzt zukommen können. Auch vor diesem Hintergrund ist eine von vornherein adäquate Verteidigung sicherzustellen.

Bei der Vielzahl tagtäglicher Behandlungsvorgänge ist ein „forensisches Risiko" letztlich nicht zu vermeiden. Wesentlich ist daher, „im Fall des Falles" richtig und unverzüglich zu reagieren.

III.

Damit komme ich zum Schluß der in diesem Rahmen nur kursorischen Ausführungen.

Man könnte meinen, angesichts der Vielzahl von Ärzten, die tagtäglich eine Vielzahl von Behandlungsvorgängen zu erledigen haben, sei die Zahl von Zivil- und Strafverfahren relativ gering. Für den betroffenen Arzt sind derartige Verfahren - schon durch ihre bloße Anhängigkeit - einschneidend.

Daher ist für jeden Einzelfall eine überlegte Reaktion auf einen Zwischenfall zu gewährleisten und im weiteren eine adäquate Sachbehandlung zu sichern.

Meine Ausführungen mögen Ihnen insoweit einige Hinweise geben und vor allem auch weitergehendes Bewußtsein schaffen.

Neue Strukturen - Ein Chance für das Krankenhaus

Lothar Sause

Die Zukunft der Krankenversorgung in der Bundesrepublik Deutschland ist ungewisser denn je. Mit Gewißheit läßt sich aber voraussagen, daß sie nicht so bleiben wird, wie sie heute ist. Das Schlagwort „soviel ambulant wie möglich, sowenig stationär wie unbedingt erforderlich" wird auch weiterhin die Devise bleiben - vorrangig unter Kostengesichtspunkten. Richtig an dieser Diskussion ist, daß die bisherige Doppelversorgung: Hausärzte und spezialisierte Fachärzte im niedergelassenen Bereich gegenüber Spezialisten mit vergleichbarem Tätigkeitsfeld im stationären Bereich nicht sinnvoll ist und ökonomisch unvertretbar ist.

Unter dem Aspekt der knapper werdenden Ressourcen ist eine gestufte und teilweise integrierte Patientenversorgung in beiden Systemen zu fordern. Der ambulante Bereich hat sich bisher gut auf die notwendigen Veränderungen eingestellt. Der freie Wettbewerb hat die Ärzte in niedergelassener Praxis dazu gezwungen.

Ein großer Teil der Praxen hat gut reagiert. Die Entwicklung zu Praxisgemeinschaften, Partnerpraxen, Praxiskliniken, ambulanten Operationszentren und anderen Kooperationsformen schreitet voran. Für viele Patienten ergeben sich dadurch inzwischen attraktive Angebote der ambulanten Gesundheitsfürsorge. Trotzdem nimmt die Zahl der behandelten Patienten in den Krankenhäusern stetig zu. Dieses geschieht bei Reduzierung der Krankenhausbetten, Verminderung der Verweildauer und bei sinkender Zahl der Pflegetage.

Das Sozialgesetzbuch V eröffnet in seinem § 115b die Möglichkeit, ambulante Operationen sowohl in der niedergelassenen Praxis als auch im Krankenhaus durchzuführen. Es heißt im Gesetzestext u.a.: Die Spitzenverbände der Krankenkassen gemeinsam, die Deutsche Krankenhausgesellschaft oder die Bundesverbände der Krankenhausträger gemeinsam und die Kassenärztlichen Bundesvereinigung vereinbaren:

1. Einen Katalog ambulant durchführbarer Operationen,
2. Einheitliche Vergütungen für Krankenhäuser und Vertragsärzte und
3. Maßnahmen zur Sicherung der Qualität und der Wirtschaftlichkeit.

Die Krankenhäuser sind zur ambulanten Durchführung der in dem Katalog genannten Operationen zugelassen.

Weiter heißt es, die Leistungen werden unmittelbar von den Krankenkassen vergütet.

Die Prüfung der Wirtschaftlichkeit und der Qualität erfolgt durch die Krankenkassen.

Weiter heißt es, es können Regelungen über ein gemeinsames Budget zur Vergütung der ambulanten Operationsleistungen der Krankenhäuser und der Vertragsärzte getroffen werden. Die Mittel sind aus der Gesamtvergütung und den Budgets der zum ambulanten Operieren zugelassenen Krankenhäuser aufzubringen.

Als Voraussetzung für das ambulante Operieren werden im Sozialgesetzbuch V bestimmte Standards und Qualifikationen sowohl personaler wie auch räumlicher Art gefordert. Die Einzelheiten hierzu sind in der sogenannten ergänzenden Vereinbarung zum Vertrag nach § 115b Absatz 1 zur Sicherung der Qualität beim ambulanten Operieren aufgelistet. Als Stichworte sind zu erwähnen: der § 13 im eigentlichen Vertrag, der den Facharztstandard fordert, und der § 14 im eigentlichen Vertrag, der die Vereinbarung von Qualitätssicherungsmaßnahmen, wie dann im ergänzenden Vertrag geschehen, vorsieht.

Sehr laut wird immer wieder verkündet, daß durch das ambulante Operieren Kosten in großem Umfange im Gesundheitssystem eingespart werden können.

Das Deutsche Ärzteblatt widmete im Januar 1996 dem ambulanten Operieren einen Leitartikel mit der Überschrift: „Ambulantes Operieren Sparpotential in Milliardenhöhe."

Unter anderem wird darin ausgeführt, unter Berücksichtigung vorhandener Daten ist ein Substitutionspotential von immerhin 5 Milliarden DM leicht auszurechnen bei einem Gesamtvolumen der gesetzlichen Krankenversorgung von ca. 240 Milliarden DM.

Hier möchte ich Ihnen einige Tabellen zeigen, um Ihnen einen Eindruck von den Zahlen zukommen zu lassen. Allerdings ist anzumerken, daß die Zahlen von verschiedenen Institutionen sehr unterschiedlich sind und je nach politischer Intention interpretiert und verwendet werden.

Fazit ist:
Die Zahl der ambulanten Operationen im niedergelassenen Bereich steigen drastisch an. Im Krankenhaus durchgeführte ambulante Operationen zeigen einen nur geringen Anstieg und die Zahl der stationär ambulant möglichen Operationen nimmt kaum ab.

Aus dem bisher Gesagten ergibt sich zwingend die Notwendigkeit, daß Krankenhäuser ambulante Operationen zunehmend und möglichst schon jetzt durchführen.

Zur Begründung:
1. Offensichtlich besteht ein Bedarf - also ein Markt - für ambulantes Operieren.
2. Die Umstrukturierung des Gesundheitssystems führt zur weiteren Reduzierung von Krankenhausbetten und auch zu Schließungen von Krankenhäusern. Operativ tätige Ärzte im Krankenhaus verlieren also ihren Arbeitsplatz.
3. Es ist ein finanzieller Wahnsinn, neue Strukturen z.B. Praxiskliniken mit zusätzlichem ärztlichem Personal aufzubauen, wenn

bestehende Strukturen verändert die gleichen Aufgaben übernehmen können.
4. Keine andere Institution als das Krankenhaus ist somit geeignet, eine ambulante Versorgung wie das ambulante Operieren durchzuführen.

Welche Voraussetzungen sind nunmehr erforderlich, um ambulantes Operieren im Krankenhaus durchzuführen?

Ganz wesentlich erscheint, daß den Patienten eine freie Arztwahl ermöglicht wird. Das heißt, einem Team, einer Gruppe von Ärzten gleicher Fachrichtung - nicht allein wie bisher dem ermächtigten Chefarzt - muß es ermöglicht werden, die Patienten zu versorgen. Hier sind die Zulassungsausschüsse der Kassenärztlichen Vereinigungen dringend gefordert.

Eine Institutsermächtigung wie im ursprünglichen Vertrag vorgesehen, ist aus folgenden Gründen abzulehnen:

- Dem Patienten wird die freie Arztwahl nicht ermöglicht.
- Das Krankenhaus rechnet ohne Beteiligung der Ärzte mit den Krankenkassen ab. Damit gerät notwendig die ambulante Nebentätigkeit des Operateurs/Anästhesisten im Bereich des ambulanten Operierens in Konkurrenz zu seinen Dienstaufgaben.
- Der Bedarf für eine Ermächtigung könnte eingeschränkt werden bzw. ganz entfallen. Für bisher operativ tätige ermächtigte Krankenhausärzte kann dieses einen erheblichen Einnahmeverlust mit sich bringen.
- Neben den finanziellen Defiziten können sich aus einer Institutsermächtigung erhebliche organisatorische Probleme ergeben. Die Vertragspartner bei der Institutsermächtigung sind beim ambulanten Operieren das Krankenhaus und neben den Klinikärzten operationswillige niedergelassene Ärzte. Da der niedergelassene Arzt gerne außerhalb seiner täglichen Praxiszeit operieren möchte, wird er Termine für das ambulante Operieren mit der Klinik vereinbaren. Diese können durchaus außerhalb der regulären Klinikdienstzeit liegen. Der Träger der Klinik wird wegen der zusätzli-

chen Einnahmen die Tätigkeit z.B. für den Anästhesisten als Diensttätigkeit anordnen.

Konfliktsituationen mit dem Arbeitszeitgesetz sind vorprogrammiert. Über die finanzielle Entgeltung wird sich sicherlich trefflich streiten lassen.

Richtig erscheint aus der Sicht des Patienten und aus allgemeiner organisatorischer Struktur des ärztlichen Dienstes eine Integration des ambulanten Operierens in den normalen täglichen Operationsablauf.

Bei einer Patientenbefragung nach ambulanten Operationen wurde kritisiert, daß zu lange und unnötige Wartezeiten sowohl vor als auch nach den Operationen bestünden. Es sollte eine ausreichend lange Erholungs- und Entspannungsphase gewährleistet sein. Eine zu frühe Entlassung nach ambulanten Operationen sollte vermieden werden. Dies erfordert präoperativ eine gute Zusammenarbeit zwischen Operateuren und Anästhesisten. Die frühzeitige umfassende Aufklärung des Patienten erscheint nur mit einer gut funktionierenden operativen und anästhesiologischen Ambulanz möglich.

Üblicherweise sind ambulante Operationen planbare Eingriffe. Sie gehören in ein längerfristig geplantes Operationsprogramm mit mindestens einwöchiger Planungszeit. Neben den Patienten müssen alle Beteiligten informiert sein: Von der Aufnahme über das Stations- bis zum Operations- und Aufwachpersonal.

Den Bedürfnissen des Patienten wie auch dem Organisationsablauf kommt am ehesten eine Kurzliegerstation entgegen.

Dieses ist eine Betteneinheit mit ein oder mehreren Räumen, die von montags 7 Uhr morgens bis freitags 16 Uhr betrieben wird. Unabdingbar ist der Einsatz von qualifiziertem Pflegepersonal. Räumlich-technisch sollte die Station teilweise wie ein Aufwachraum gestaltet und ausgestattet sein. Die Nähe zur operativen Einheit muß gegeben sein. Hier können Patienten aller operativen Disziplinen nach der Registrierung durch die Aufnahme versorgt werden. Von hier werden sie später nach der Untersuchung durch den Operateur und den Anästhesisten entlassen. Wesentlich ist, daß für jeden zu versorgenden Patienten ein Ruhe- und Liegeplatz vorhanden ist.

Patientenbefragungen haben ergeben, daß Kritik überwiegend an dieser Phase des ambulanten Operierens geübt wurde. Ein anderer wesentlicher Kritikpunkt war mangelnde Aufklärung. Ansonsten bestand große Zufriedenheit mit der Betreuung, mit dem Heilungsverlauf und auch der häuslichen Nachsorge bei ambulant operierten Patienten. Die Gesamtzufriedenheit der Patienten nach ambulanten Operationen am Krankenhaus war bemerkenswert hoch.

Fazit:
Zufriedene Kunden respektive Patienten bzw. sehr zufriedene Patienten bescheren mehr ambulante Operationen und sichern den Arbeitsplatz Krankenhaus.

Die Situation heute gestaltet sich anders als früher. Vor ca. 20 Jahren sagte mir einmal ein Chirurg auf meine Anmerkung, daß der Patient unzufrieden sei, weil er sich vom Chirurgen nicht ausreichend über die Operation und die postoperative Phase informiert fühlte: „Wozu ist er denn ins Krankenhaus gekommen? Er weiß doch, daß ich ihn operieren will. Was soll ich groß darüber mit ihm reden?"

Sinnvoll erscheint die Integration der ambulanten Operationen in den normalen operativen Ablauf. Da ambulante Operationen in der Mehrzahl hygienisch unbedenklich sind, spricht nichts gegen die Durchführung im frühen Tagesablauf und im normalen Operationsprogramm. Der Vorteil für alle Beteiligten besteht darin, daß bei Komplikationen oder Problemen diese noch während des normalen täglichen Betriebsablaufes geregelt werden können.

Gleiches gilt für den wöchentlichen Ablauf. Es erscheint wenig sinnvoll, ambulante Operationen am Freitag Nachmittag zu planen. Dann könnte der Patient anschließend in ein therapeutisches Loch fallen. Ausnahmen bestätigen die Regel, wenn z.B. VIP sich über das Wochenende operieren lassen wollen, aus welchen Gründen auch immer.

Neben der Kurzliegerstation sind auch andere räumliche Strukturen denkbar. Wichtig ist es, bei ambulanten Operationen an Aufenthaltsmöglichkeiten für Mütter mit Kindern zu denken.

Auch für ältere Patienten mit Begleitpersonal sollten entsprechende räumliche Voraussetzungen geschaffen werden.

Zwei weitere Strukturvarianten für das ambulante Operieren im Krankenhaus seien erwähnt:

1. Eine sogenannte zentrale Lösung.
   Hierbei unterliegt die Organisationsverantwortung für sämtliche ambulanten Operationen im Krankenhaus dem Anästhesisten. Mit einer eigenen Operations- und Aufwacheinheit regelt er die Abläufe im einzelnen nach Rücksprache mit den einzelnen operativen Disziplinen. Sinnvoll erscheint diese Lösung nur bei einer hohen Frequenz an ambulanten Operationen.

2. Eine dezentrale Lösung.
   Hierbei erfolgt die Aufnahme der Patienten und die organisatorische Abwicklung mit Intregration der ambulanten Operationen im normalen Operationsprogramm durch die einzelnen Kliniken. Dieses ist z.B. für die HNO-Heilkunde ein probates Modell. Je nach Frequenz an ambulanten Operationen können die Patienten über die normale Station prä-/postoperativ aufgenommen, versorgt und anschließend entlassen werden oder die entsprechende Klinikambulanz regelt dieses in gesonderten Räumen.

Eine weitere Variante, die auch im Krankenhaus denkbar ist, soll noch erwähnt werden: *die Praxisklinik.*
Ihre Ausstattung orientiert sich medizinisch-technisch am klinischen Standard. Die Praxisklinik hat den Vorteil, näher am Patienten und an seinem Umfeld agieren zu können. Die Organisationsform der Versorgung entspricht den Strukturen im vertragsärztlich niedergelassenen Bereich. Merkmal der Praxisklinik ist die Vorhaltung einer begrenzten Anzahl von Betten - ähnlich den Krankenhausbetten. Sie werden entsprechend der Krankenhausverordnung geführt. Der Vorteil besteht

darin, daß die Patienten bei unvorhergesehenen operativen Abläufen über Nacht bis zu 72 Stunden in der Praxisklinik verbleiben können. In der politischen Diskussion und in der nicht mehr nachvollziehbaren Art der Gesetzgebung im Gesundheitsbereich besteht eine heftige Kontroverse über die Notwendigkeit von Praxiskliniken. Die Bundesärztekammer und die Kassenärztliche Bundesvereinigung lehnen eine unkontrollierte Entstehung von Praxiskliniken energisch ab; denn hiermit würde erneut eine zweite stationäre Säule als Kostentreiber neben den bestehenden Krankenhäusern errichtet. Die Praxiskliniken selbst verstehen sich als Teil einer gestuften Versorgung zwischen Vertragsarztpraxis und Krankenhäusern aller Versorgungskategorien. Sinnvoll erscheint die Nutzung frei werdender Kapazitäten in den Krankenhäusern für diese Stufe der ambulanten operativen Patientenversorgung. Eine wichtige Grundvoraussetzung für diese Art der Kurzzeitversorgung der Patienten existiert nämlich in allen Krankenhäusern:
Es ist der ärztliche Bereitschaftsdienst rund um die Uhr mit fachärztlicher Versorgungsmöglichkeit. Keine Form der außerklinischen ambulanten operativen Patientenversorgung bietet diese Vorteile. Mit dem § 115b Sozialgesetzbuch V wird die Qualität beim ambulanten Operieren angesprochen. Der dreiseitige Vertrag führt in seinem § 13 unter dem Stichwort „Facharztstandard" folgendes aus:
„Ambulante Operationen werden nach Facharztstandard erbracht. Danach sind ambulante Operationen nur von Fachärzten, unter Assistenz von Fachärzten oder unter deren unmittelbaren Aufsicht und Weisung mit der Möglichkeit des unverzüglichen Eingreifens zu erbringen."

Keine Einrichtung des ambulanten Operierens - in der vertragsärztlichen Praxis und in der Praxisklinik nicht - hält die Möglichkeit vor, rund um die Uhr jeden Tag in der Woche, während des ganzen Jahres diese Voraussetzung zu erfüllen.

Mit den Diensten in den Kliniken ist dem Wunsch der Patienten und dem Willen des Gesetzgebers nach Sicherheit Rechnung getragen. Allerdings ist Voraussetzung in den Krankenhäusern, daß eine Gruppe ermächtigter Krankenhausärzte jeder ambulant operativen Abteilung diesen Standard der Versorgung sicherstellt.

Bei einer Institutsermächtigung fehlt der finanzielle Anreiz, wie schon gesagt, da der Krankenhausträger mit den Krankenkassen direkt abrechnet. In der momentanen finanziellen Situation der Kliniken wird sicherlich kein Geld für zusätzliche Planstellen und Bereitschafts- bzw. Rufdienst zur Verfügung gestellt werden. Die Konflikte mit Übernahme- und Organisationsverschulden sind hier vorprogrammiert.

Das ambulante Operieren dient dem Planstellenerhalt im operativen Bereich der Krankenhäuser. Es wird notwendig sein, in Zukunft mehr als bisher Fachärzte zu beschäftigen. Das führt zu einer Verringerung der Weiterbildungsstellen. Es bedeutet aber auch eine Erleichterung für die Ärzte, die den Hintergrundsdienst als Bereitschafts- oder Rufdienst versehen. Zu berücksichtigen ist, daß in Zukunft ohne ambulante Operationen unter Umständen eine vollständige Weiterbildung in operativen Abteilungen an den Krankenhäusern nicht mehr möglich sein wird. Auch hier besteht also eine Notwendigkeit, das ambulante Operieren am Krankenhaus zu fördern, um das Leistungsspektrum zu verbreitern.

Gehen wir davon aus, daß zukünftig im Krankenhaus verstärkt ambulant operiert werden wird.

Wie könnte sich der Funktionsablauf im operativen Bereich gestalten? Immer kürzere Liegezeiten und die Verkürzung der Verweildauer sind bedingt durch Fortschritte in der operativen Technik zu erwarten. Dadurch vermindert sich die Bettenzahl auf der operativen Station. Allerdings resultiert daraus ein höherer Arbeitsaufwand für das Pflegepersonal und die Ärzte in der Vorbereitung, Aufklärung und Nachsorge der Patienten.

Aus Kostengründen werden sich zukünftig einzelne Abteilungen jeweils einen oder mehrere OP-Räume für sich allein nur noch leisten können, wenn sie sie voll auslasten. Dieses kann nur mit einer längerfristigen, verbindlichen Operationsplanung über mehrere Wochen möglich sein. Vorstellbar sind daher über mehr als eine Tagesschicht ausgelastete Operationssäle mit 2 OP-Pflegemannschaften. Beispielsweise Dienstbeginn morgens 6 Uhr, Operationsbeginn 7 Uhr für die 1. Schicht. Für die 2. Schicht Dienstbeginn 13 Uhr und Ende 19.30 Uhr.

Dieses ermöglicht ein durchgehendes Operationsprogramm für mehr als eine operative Abteilung bzw. die Konzentration von mehr Operationen als bisher auf einen Operationssaal. Bei Nichtauslastung der Operationssaalkapazitäten besteht zusätzlich die Möglichkeit, operierende Vertragsärzte ins Krankenhaus zu integrieren, ohne daß Sonderregelungen erforderlich werden.

Für den ärztlichen Dienst ergibt sich die Konsequenz, mehr Fachärzte vorzuhalten und zeitversetzte Dienste einzurichten.

Wie im einzelnen die Konzentration operativer Leistungen am jeweiligen Krankenhaus gestaltet werden kann, bleibt der Kreativität und der Kooperation der Beteiligten überlassen. Richtungweisend dafür werden die organisatorischen Voraussetzungen, die räumlichen Strukturen und das ärztliche Umfeld wie auch das Vertrauen der Patienten in ihr Krankenhaus sein.

Das Krankenhaus wird sich bemühen müssen, ein attraktiver Partner der Gesundheitsversorgung seiner Umgebung mit zahlreichen ambulanten Aktivitäten zu sein. Auch das Schaffen von Schwerpunkten, z.B. Spezialisierungen im ambulanten Operieren, gehört dazu.

Wenn in Zukunft unter dem weiterhin bleibenden Zwang der Kostenminimierung und einem zumindest in gleicher Weise bleibenden Anspruch der Patienten die Krankenhäuser bestehen und überleben wollen, wird es notwendig sein, daß sich die Strukturen innerhalb der Kliniken diesen Bedürfnissen anpassen. Dazu bedarf es dringlich der Zusammenarbeit von Verwaltung oder Management der Klinken und der Ärzte. Ebenso dringlich bedarf es aber auch der Zusammenarbeit der Ärzte untereinander in den Kliniken. Zu den Vertragsärzten im Umfeld des Krankenhauses ist unbedingt ein guter Kontakt und eine gute Kooperation herzustellen.

In der Bundesrepublik Deutschland werden pro Jahr ca. 11 Millionen operative Eingriffe durchgeführt. 10% davon und mehr können in Zukunft auch ambulant durchgeführt werden. Dies ist ein Volumen, das sich die Krankenhäuser nicht entgehen lassen sollten.

Krankenversicherungsrechtliche Aspekte - Ambulantes Operieren im Kassenarztsystem

Peter Udsching

I. Notwendigkeit der ambulanten Durchführung von Operationen

An den Anfang meiner Überlegungen stelle ich die Frage: Woraus ergibt sich die Notwendigkeit, Operationen ambulant durchzuführen, soweit dies medizinisch vertretbar ist und in diesen Fällen auf die stationäre Versorgung des Patienten zu verzichten? Aus ärztlicher Sicht werden Sie auf das Patienteninteresse verweisen, das in manchen Fällen für die ambulante Durchführung einer Operation sprechen kann. Der Sozialversicherungsrechtler sieht zwar auch den Versorgungsanspruch des einzelnen Patienten, der von seiner Krankenkasse zu erfüllen ist. Den Inhalt des Anspruches kann der Patient jedoch nicht selbst bestimmen und auch der Arzt unterliegt bei der Erfüllung des Versorgungsanspruchs der Bindung an das Wirtschaftlichkeitsgebot. Nach § 12 Abs. 1 SGB V müssen die Leistungen GKV ausreichend, zweckmäßig und wirtschaftlich sein. Sie dürfen das Maß des Notwendigen nicht überschreiten. Leistungen, die nicht notwendig oder unwirtschaftlich sind, können Versicherte nicht beanspruchen, dürfen Leistungserbringer nicht bewirken und Krankenkassen nicht bewilligen. Diese Grundregel des gesamten Leistungsrechts der GKV wird in speziellen Vorschriften, die den Umfang der Leistungsansprüche der Versicherten in den einzelnen Zweigen der Gesundheitsversorgung festlegen, wieder aufgegriffen. Sie wird vor allem im Recht der sogenannten Leistungserbringer - also in den Vorschriften, die sich an Vertragsärzte, Krankenhäuser, Gesundheitshandwerker usw. richten - umgesetzt und dort im Detail durch eine Fülle untergesetzlicher Vorschriften ergänzt. In bezug auf das ambulante Operieren sind dies vor allem § 39 Abs. 1 Satz 2 und § 73 Abs. 4 Satz 1 SGB V.

Läßt sich eine ambulante Operation kostengünstiger durchführen, so ist eine gleichwohl ohne Vorliegen besonderer Indikationen durchgeführte stationäre Versorgung unwirtschaftlich. Das Gesetz macht dies bei der Regelung des Anspruchs auf Krankenhausversorgung jetzt ausdrücklich deutlich:

Versicherte haben einen Anspruch auf vollstationäre Behandlung nur, wenn die Krankenhausaufnahme nach Prüfung durch das Krankenhaus erforderlich ist, weil das Behandlungsziel nicht durch teilstationäre, vor- und nachstationäre oder ambulante Behandlung einschließlich häuslicher Krankenpflege erreicht werden kann (§39 Abs.1 Satz 2 SGB V).

Zwar galt der Grundsatz, daß die ambulante Versorgung der stationären vorgeht, schon seit jeher. Neu ist jedoch, daß jetzt auch der aufnehmende Krankenhausarzt durch das Gesetz in die Pflicht genommen wird. Er muß auch bei einer Einweisung durch den behandelnden Vertragsarzt, die nicht ausdrücklich auf eine ambulante Operation gerichtet ist, prüfen, ob im Einzelfall eine ambulante Durchführung der Operation vertretbar ist. Beachtet er dies nicht, so können sich - wie ich noch darlegen werde - hieraus Sanktionen ergeben.

Nach §73 Abs. 4 Satz 1 SGB V darf der Vertragsarzt stationäre Krankenhausbehandlung nur verordnen, wenn eine ambulante Versorgung der Versicherten zur Erzielung des Heil- oder Linderungserfolges nicht ausreicht. Bei der Verordnung von Krankenhauspflege hat er die Krankenhauspflegerichtlinien des Bundesausschusses der Ärzte und Krankenkassen zu beachten und die durch das GSG eröffneten Möglichkeiten ambulanter, vor- und nachstationärer sowie teilstationärer Leistungserbringung zu berücksichtigen. D.h., wenn im konkreten Fall die ambulante Durchführung einer Operation vertretbar ist, könnte ihm unter Umständen der Vorwurf der Unwirtschaftlichkeit entgegengehalten werden, wenn er eine Krankenhauseinweisung veranlaßt, obwohl die Maßnahme - etwa von einem anderen niedergelassenen Arzt - ambulant durchgeführt wird.

II. Vertretbarkeit der ambulanten Durchführung unter medizinischen Aspekten

Eine rigide Umsetzung des Wirtschaftlichkeitsgebots findet allerdings ihre Grenzen an der Vertretbarkeit der ambulanten Operation unter medizinischen Gesichtspunkten. Die Therapiefreiheit des Arztes ist hier jedoch nicht grenzenlos. Er muß sich zur Begründung von Kontraindikationen zumindest darauf berufen können, daß seine Auffassung dem aktuellen, allgemein anerkannten medizinischen Standard entspricht. Ein gewichtiges Indiz für die ambulante Durchführbarkeit eines operativen Eingriffs ist die Tatsache, daß eine Operation in den nach § 115b SGB V von der KÄBV, der DKG und den Spitzenverbänden der Krankenkassen vereinbarten Katalog aufgenommen ist. Der Arzt muß in diesen Fällen demnach Kontraindikationen benennen können, die sich aus den Gegebenheiten im konkreten Einzelfall ergeben. Hierzu zählen neben individuellen Faktoren aus dem Gesundheitszustand des betroffenen Patienten vor allem die Ausgestaltung der postoperativen Betreuung. Nur wenn sie in einem Maße sichergestellt ist, wie dies medizinisch erforderlich ist, kommt die Durchführung einer ambulanten Operation in Betracht.

Ist der Eingriff ambulant durchführbar und liegen beim Patienten keine Kontraindikationen vor, so kann weder das Selbstbestimmungsrecht des Patienten noch die Therapiefreiheit des Arztes eine Leistungspflicht der Krankenkasse für eine stationäre Maßnahme begründen. Eine abweichende Einschätzung des Arztes muß - ausgehend vom aktuellen medizinischen Standard - begründet sein. Liegen objektivierbare Gründe gegen die ambulante Durchführung einer Operation nicht vor, so steht dem Arzt insoweit kein Ermessen zu, die Maßnahme dennoch zu Lasten der Krankenkasse stationär durchzuführen. Es dürfte jedoch äußerst schwierig sein, diesen Grundsatz in der Praxis rigide umzusetzen. Vor allem die Sicherstellung der erforderlichen postoperativen Versorgung wird nur in wenigen Fällen objektivierbar sein. Die Krankenkasse müßte hier etwa den Nachweis führen, daß die Bedenken des Arztes, der die häusliche Situation nur anhand der Schilderungen des Patienten beurteilen kann, überzogen sind.

§ 2 Abs. 1 des dreiseitigen Vertrages zu § 115b Abs. 1 SGB V weist die Pflicht zur Prüfung der Voraussetzungen für die ambulante Durchführbarkeit einer Operation dem für die Operation verantwortlichen Arzt zu. In § 2 Abs. 2 des Vertrages heißt es dann, aus dem Katalog von ambulant durchführbaren Operationen könne nicht die Verpflichtung hergeleitet werden, daß die dort aufgeführten Eingriffe ausschließlich ambulant zu erbringen seien. Das ist nach dem vorher Gesagten eine pure Selbstverständlichkeit, bedeutet aber nicht, daß Patient und Arzt zwischen der stationären und der ambulanten Durchführung einer Operation frei wählen können; jedenfalls nicht zu Lasten der gesetzlichen Krankenversicherung.

III. Umsetzung des Vorrangs des ambulanten Operierens durch die Krankenkassen

1. Das Gesundheitsstrukturgesetz hat dem Medizinischen Dienst der Krankenkassen in § 275a SGB V eine Kompetenz zur Prüfung der Notwendigkeit der Krankenhausbehandlung eingeräumt. Einzelheiten müssen die Krankenkassenverbände auf Landesebene mit der Landeskrankenhausgesellschaft vereinbaren. Hierbei handelt es sich zwar nur um ein Modellvorhaben, das nur mit Zustimmung des einzelnen Krankenhauses durchgeführt werden kann. Nach der Vorstellung des Gesetzgebers soll es jedoch dem Ziel dienen, den Vorrang der ambulanten vor der stationären Behandlung umzusetzen. Die Erwartung, daß diese Regelung in Richtung auf eine allgemeine Prüfpflicht des Medizinischen Dienstes umgestaltet werden dürfte, wenn die Einsparungsziele des Gesetzgebers im Krankenhausbereich sich auf andere Weise nicht erfüllen lassen, halte ich nicht für verwegen. Zur Zeit können die Krankenkassen den Medizinischen Dienst nur zur Beratung und zur Begutachtung der Notwendigkeit stationärer Versorgung im Einzelfall einsetzen. Eine Prüfpflicht des Medizinischen Dienstes, wie sie vor der Gewährung einiger anderer Leistungen vorgesehen ist (§ 275 Abs. 2 SGB V), besteht in bezug auf die Krankenhausbehandlung grundsätzlich nicht.

2. Eine wesentlich effektivere Form der Durchsetzung des Vorrangs des ambulanten Operierens wäre jedoch die Einbeziehung dieser Behandlungsform in die vertragsärztliche Wirtschaftlichkeitsprüfung im Rahmen von § 106 SGB V. Im Rahmen der Wirtschaftlichkeitsprüfung werden schon jetzt auch die Krankenhauseinweisungen der Vertragsärzte statistisch erfaßt. Dies dient bislang jedoch in erster Linie einer Entlastung des Vertragsarztes: Stellt sich bei einer Überprüfung des Behandlungs- und Verordnungsverhaltens heraus, daß die Überschreitungen des Fachgruppendurchschnitts in diesen Leistungsbereichen eine unter dem Durchschnitt liegende Zahl an Krankenhauseinweisungen gegenübersteht, so kann dies unter Umständen das Absehen von einer Honorarkürzung oder einem Arzneimittelregreß rechtfertigen. Die im Katalog der ambulant durchführbaren Operationen aufgeführten Indikationen könnten jedoch auch gesondert erfaßt werden. Aus einer überdurchschnittlichen Zahl von stationären Einweisungen bei Indikationen, die im Katalog aufgeführt sind, könnte womöglich der Vorwurf der Unwirtschaftlichkeit abgeleitet werden. Nach meiner Auffassung dürfte die statistische Methode jedoch in diesen Fällen zur Begründung der Unwirtschaftlichkeit ungeeignet sein, ihre Heranziehung in der Wirtschaftlichkeitsprüfung deshalb nicht in Betracht kommen. Hierfür spricht schon die geringe Fallzahl, die bei dem einzelnen niedergelassenen Arzt auf Einweisungen bei den im Katalog erfaßten Indikationen entfällt. Außerdem könnten hier nur diejenigen Fälle einbezogen werden, in denen die Einweisung in ein konkretes Krankenhaus erfolgt, von dem der Vertragsarzt weiß, daß es bei der betroffenen Indikation keine ambulanten Operationen durchführt. Dies schließt zwar die Anwendung statistischer Prüfmethoden aus, nicht aber den Vorwurf der Unwirtschaftlichkeit im Einzelfall. Der Vertragsarzt wird sich bei einem derartigen Krankenhaus, das den eingewiesenen Patienten mangels Möglichkeit zum ambulanten Operieren zurückschicken müßte, wohl kaum auf die Prüfpflicht des aufnehmenden Krankenhausarztes berufen können. Doch dürfte die Durchsetzung eines Ersatzanspruchs der Krankenkasse wegen der stationären Mehrkosten hier regelmäßig daran scheitern, daß sie die Beweislast für die Durchführbarkeit einer ambulanten Operation im konkreten Einzelfall trägt.

3. Ebenso schwierig durchzusetzen ist aus der Sicht der Krankenkassen eine Zahlungsverweigerung gegenüber dem Krankenhaus. Auch hier tragen sie für den konkreten Einzelfall die Beweislast.

IV. Wettbewerb zwischen Krankenhäusern und niedergelassenen Vertragsärzten

1. Das GSG hat die Krankenhäuser in § 115b Abs. 2 SGB V per Gesetz zur ambulanten Durchführung von Operationen zugelassen, soweit diese im dreiseitigen Vertrag aufgeführt sind. Erforderlich ist allein eine Mitteilung an die Krankenkassenverbände, die KV und den Zulassungsausschuß. Eine Bedarfsprüfung wird nicht vorgenommen. Es findet lediglich eine Unterrichtung der Landeskrankenhausgesellschaft über den Versorgungsgrad in der vertragsärztlichen Versorgung statt. Da das Krankenhaus als Institution zugelassen wird, bedarf es auch keiner Ermächtigung derjenigen Ärzte, die im Krankenhaus ambulant operieren sollen.

2. Parallel hierzu ist in § 76 Abs. 1 SGB V der Anspruch der Versicherten auf freie Arztwahl um die zum ambulanten Operieren zugelassenen Krankenhäuser erweitert worden. Den Gesetzesmaterialien ist zu entnehmen, daß dieses Recht nicht von einer Einweisung durch den behandelnden Vertragsarzt abhängig gemacht werden sollte. Der Versicherte sollte das Krankenhaus vielmehr unmittelbar aufsuchen können. Hiervon weicht der dreiseitige Vertrag nach § 115b Abs. 1 SGB V ab, wenn er in § 2 Abs. 1 für den Regelfall eine Überweisung durch den Vertragsarzt fordert. Ob dies allein mit der erforderlichen Sicherstellung der prä- und postoperativen Betreuung gerechtfertigt werden kann, erscheint mir zweifelhaft. Denn die Verantwortung für diese Bereiche trägt allein der die Operation durchführende Arzt.

V. Einheitliche Vergütung für Krankenhäuser und Vertragsärzte

Um die Wettbewerbsgleichheit zu schaffen, schreibt § 115b Abs. 1 Nr. 2 SGB V eine einheitliche Vergütung für Krankenhäuser und Vertragsärzte vor. Zur Festlegung der Vergütung läßt sich aus heutiger Sicht angesichts der gerade ausgelaufenen gesetzlichen Budgetierung der vertragsärztlichen Vergütung und der noch fortlaufenden Begrenzung des Krankenhausetats wenig Verbindliches sagen. Im dreiseitigen Vertrag (§ 6 Abs. 1) ist die Geltung des EBM auch für die in Krankenhäusern durchgeführten ambulanten Operationen vereinbart worden. Dies erscheint problematisch, weil die Krankenhäuser den EBM nicht mitbeschließen. Im Bewertungsausschuß sind allein die Vertragsärzte und die Krankenkassen paritätisch vertreten. Der dreiseitige Vertrag zu § 115b SGB V sieht lediglich vor, daß die Deutsche Krankenhausgesellschaft an Sitzungen des Arbeitsausschusses des Bewertungsausschusses quasi beratend teilnimmt, die den Katalog der ambulant durchführbaren Operationen betreffen (§ 16). Als privatrechtlich organisierte Vereine sind die Krankenhausgesellschaften aber auch gar nicht legitimiert, zu Lasten ihrer Mitgleider Normen - wie den EBM - zu vereinbaren, die diese unmittelbar binden. Eine Legitimation hierfür ergibt sich auch nicht aus § 115b Abs. 2 Satz 3 SGB V, wonach das Krankenhaus, das sich zum ambulanten Operieren anmeldet, zur Einhaltung des dreiseitigen Vertrages verpflichtet ist.

Die den öffentlich-rechtlichen Körperschaften KV und Krankenkasse zustehende Satzungsautonomie legitimiert auch zur Schaffung von Rechtsnormen durch Vereinbarungen zwischen den Spitzenorganisationen der beteiligten Selbstverwaltungseinrichtungen. In diese Organisationsform der Rechtsetzung passen das Krankenhaus oder die Krankenhausgesellschaften nicht hinein. Für das Krankenhaus kann die nach § 115b Abs. 1 SGB V getroffene Vereinbarung oder die unter Mitwirkung der Landeskrankenhausgesellschaften geschlossenen weiteren Abreden, die der Umsetzung oder Ausfüllung des dreiseitigen Vertrages auf Landesebene dienen, nur dadurch Verbindlichkeit erlangen, daß sie sie im Einzelfall als verbindlich anerkennen.

Für die Höhe der Vergütung ist aber nicht nur das in Punkten ausgedrückte wertmäßige Verhältnis der abrechnungsfähigen Leistungen maßgebend, das im EBM festgelegt wird (§ 87 Abs. 2 SGB V), sondern auch der Punktwert, der von der Höhe der Gesamtvergütung und der Anzahl der erbrachten Leistungen abhängt. Auch an der Vereinbarung der Gesamtvergütung im Gesamtvertrag (§ 85 Abs. 2 SGB V), der wie der EBM eine Rechtsnorm ist, sind die Krankenhäuser nicht beteiligt.

Nach einer Vereinbarung der Spitzenverbände der Krankenkassen und der Deutschen Krankenhausgesellschaft gilt auch für das ambulante Operieren im Krankenhaus grundsätzlich der aktuelle Punktwert der für den Versicherten zuständigen KV; es sei denn auf Landesebene wird etwas anderes vereinbart. Hiervon haben die Vertragspartner in Niedersachsen Gebrauch gemacht und einen festen Punktwert vereinbart. Dies dürfte mit der gesetzlichen Vorgabe einer einheitlichen Vergütung nur so lange vereinbar sein, wie es nur zu unerheblichen Abweichungen von dem floatenden Punktwert im vertragsärztlichen Bereich kommt, der wegen der überproportionalen Zunahme der vertragsärztlich durchgeführten ambulanten Operationen und der gleichzeitigen gesetzlichen Budgetierung aller Leistungen im vertragsärztlichen Bereich in den letzten Jahren erheblich gefallen ist.

Die Vorstellung des Gesetzgebers von einer einheitlichen Vergütung für Krankenhäuser und Vertragsärzte kommt in Abs. 5 des § 115b SGB V zum Ausdruck: Danach können in der dreiseitigen Vereinbarung Regelungen über ein gemeinsames Budget zur Vergütung der ambulanten Operationsleistungen der Krankenhäuser und der Vertragsärzte getroffen werden. Die Mittel sind aus der Gesamtvergütung und den Budgets der zum ambulanten Operieren zugelassenen Krankenhäuser aufzubringen. Ein solches gemeinsames Budget sollte ursprünglich verbindlich im Gesetz vorgeschrieben werden. In das gemeinsame Budget sollten alle zum ambulanten Operieren zugelassenen Krankenhäuser - unabhängig von ihren Aktivitäten in diesem Bereich - einen Prozentsatz der ihnen jährlich zustehenden Budgeterhöhungen einzahlen müssen. Die niedergelassenen Ärzte sollten den Teil der Gesamtvergütung, der auf ambulante Operationsleistungen entfällt (erhöht um den jährlichen Grundlohnanstieg und die zunächst zehnprozentige, jetzt zusätzlich zwanzigprozentige Sonderförderung), in den gemeinsamen Fonds einbringen. Ein solches Verfahren hätte zumindest auf Seiten der Krankenhäuser das Interesse am ambulanten Operieren gefördert. Aus heutiger Sicht erscheint es wenig wahrscheinlich, daß eine solche Vereinbarung getroffen wird, wie sie in § 115b Abs. 5 SGB V beschrieben ist.

VI. Ermittlung des Punktwertes im Rahmen der Honorarverteilung bei Vertragsärzten

Hierzu muß ich kurz auf die Entwicklung der Punktwert-Problematik in den letzten Jahren eingehen. Bis Ende 1992 waren die Leistungen des ambulanten Operierens nicht Bestandteil des pauschalierten Teils der Gesamtvergütung, sondern wurden aufgrund besonderer Vereinbarungen zwischen den Krankenkassen und den KVen nach den Grundsätzen der Einzelleistungsvergütung mit einem fest vereinbarten Punkt honoriert. Diese Praxis konnte nach Inkrafttreten des GSG nicht mehr fortgesetzt werden, weil durch die mit dem GSG eingeführte Regelung in § 85 Abs. 3a Satz 6 SGB V klargestellt worden ist, daß auch diese Leistungen aus der budgetierten Gesamtvergütung zu bezahlen sind. Diese Vorschrift bestimmt in der zum 1. Januar 1993 rückwirkend in Kraft getretenen Fassung des 3. SGB V-ÄndG (vom 10. Mai 1995), daß der Teil der Gesamtvergütung, der auf die Leistungen des ambulanten Operierens einschließlich der Zuschläge entfällt, 1993 zusätzlich um 10 vH und 1994 um weitere 20 vH erhöht wird. Mit dieser Regelung hat der Gesetzgeber das Ziel verfolgt, ambulante Operationen zu fördern, die geeignet sind, eine stationäre Aufnahme von Patienten zu vermeiden. Der Gesetzgeber hat aber insoweit nur den Vergütungsrahmen erhöht; eine echte Einzelleistungsvergütung findet weiterhin nicht statt. § 85 Abs. 4a SGB V soll dann sicherstellen, daß die die Gesamtvergütung betreffende Förderungsregelung auch bei der Honorarverteilung umgesetzt wird. Danach ist der zusätzlich zu entrichtende Vergütungsanteil bei der Honorarverteilung den Leistungen zuzurechnen, für die Zuschläge nach den Abschnitten B VI und B VII des EBM bezahlt werden.

Aus beiden Vorschriften und den dazu gegebenen Gesetzesbegründungen ist teilweise der Schluß gezogen worden, die einzelne KV sei gehalten, für die Honorarverteilung einen gesonderten Topf zu bilden, dem die Erhöhungsbeträge nach § 85 Abs. 3a Satz 6 zufließen und aus dem alle Leistungen des ambulanten Operierens zu vergüten sind . Nach anderer Ansicht erfordert die Vorschrift des § 85 Abs. 4a Satz 3 SGB V lediglich die Bildung eines Teilbudgets für die Zuschläge zur Gesamtvergütung, die auf das ambulante Operieren entfallen. Danach muß das zwingend zu schaffende Teilbudget lediglich den Steigerungsbetrag der Gesamtvergütung nach § 85 Abs. 3a Satz 6 SGB V umfassen.

Das BSG hat in seinem Urteil vom 7.Februar 1996 (6 RKa 61/94) offengelassen, welche Auffassung zutrifft. Die KV sei jedenfalls berechtigt gewesen, bei Inkrafttreten der Neuregelung 1992 zunächst fachübergreifend ein gesondertes Budget für alle ambulanten Operationen zu bilden. Diese Entscheidung sei sachgerecht gewesen, weil sie sich an den neuen gesetzlichen Bestimmungen orientiert habe und im Hinblick auf die in Betracht kommenden Alternativen nicht als willkürlich bewertet werden könne. Die Alternative, die auch von einigen SGen und LSGen propagiert wurde, nämlich die ambulanten Operationen zunächst aus dem Honorartopf der jeweiligen Fachgruppe nach dem für die einzelne Fachgruppe ermittelten Punktwert zu vergüten und anschließend Zuschläge aus dem mit den Erhöhungsbeträgen gespeisten Honorartopf zu gewähren, sei 1993 jedenfalls nicht zwingend geboten gewesen.

Die Rechtsprechung billigt der Selbstverwaltung bei der Festlegung des HVM zumindest dann, wenn in sie Prognosen des zukünftigen Leistungs- und Abrechnungsverhaltens einfließen, eine Entscheidungsprärogative zu, die nur an den Maßstäben der Sachgerechtigkeit und Willkür gemessen wird. Das BSG hat sich in der genannten Entscheidung auch erneut mit der Frage befaßt, ob sich aus dem in § 72 Abs. 1 SGB V enthaltenen Gebot einer angemessenen Vergütung ärztlicher Leistungen ein Anspruch auf Vergütung einer einzelnen konkreten Leistung - hier einer ambulanten Operation - nach einem höheren Punktwert ergeben kann (vgl. hierzu grundsätzlich das Urteil vom 12.10.1994, 6 RKa 5/94, BSGE 75, 187). Es hat diese Frage im Grundsatz erneut verneint. Sinn und Zweck der Regelung in § 72 Abs. 1 SGB V sei es nicht, die Angemessenheit der Vergütung einer einzelnen Leistung oder eines einzelnen Arztes zu gewährleisten, sondern über die Gewährung einer angemessenen Vergütung insgesamt die im öffentlichen Interesse liegende Sicherstellung der vertragsärztlichen Versorgung zu erreichen. Grundsätzlich verpflichte die Regelung lediglich die Partner der vertragsärztlichen Selbstverwaltung dazu, für ärztliche Leistungen Vergütungen zu vereinbaren, die ein funktionierendes Versorgungssystem ermöglichen. Auf einen weiteren Grundsatz, der bei der angegriffenen Vergütung von ambulanten Operationen betroffen sein könnte, nämlich denjenigen der Honorarverteilungsgerechtigkeit (vg. hierzu BSGE 75, 187, 191), ist das BSG im Urteil vom 7. Februar 1996 nicht eingegangen. Da nur Abrechnungsquartale aus dem Jahr 1993, also dem ersten Jahr nach Einbeziehung des ambulanten Operierens in die gedeckelte Gesamtvergütung, betroffen waren, wäre es hierauf nur angekommen, wenn die Punktwertentwicklung im Bereich des ambulanten Operierens wegen der Einführung eines fachübergreifenden Teilbudgets im vorhinein eindeutig vorhersehbar gewesen wäre.

Zwar erfolgt auch 1996 eine weitere Stützung des Punktwerts. Ob sie allerdings ausreicht, das ambulante Operieren attraktiver zu machen und vor allem zu der von der Sozialpolitik erstrebten Substitution stationärer Operationen beizutragen, bleibt fraglich.

Maßgebende Rechtsgrundlage für das ambulante Operieren

§ 12 SGB V

(Abs. 1)

Die Leistungen der GKV müssen ausreichend, zweckmäßig und wirtschaftlich sein; sie dürfen das Maß des Notwendigen nicht überschreiten. Leistungen, die nicht notwendig oder unwirtschaftlich sind, können Versicherte nicht beanspruchen, dürfen die Leistungserbringer nicht bewirken und die Krankenkassen nicht bewilligen.

§ 39 SGB V
(Abs. 1 Satz 2)
Versicherte haben Anspruch auf vollstationäre Behandlung, wenn die Krankenhausaufnahme nach Prüfung durch das Krankenhaus erforderlich ist, weil das Behandlungsziel nicht durch teilstationäre, vor- und nachstationäre oder ambulante Behandlung einschließlich häuslicher Krankenpflege erreicht werden kann.

§ 73 SGB V
...(Abs. 4 Satz 1)
<stationäre> Krankenhausbehandlung darf nur verordnet werden, wenn eine ambulante Versorgung der Versicherten zur Erzielung des Heil- oder Linderungserfolges nicht ausreicht.

§ 72 SGB V Sicherstellung der vertragsärztlichen Versorgung
...
(2) Die vertragsärztliche Versorgung ist im Rahmen der gesetzlichen Vorschriften und der Richtlinien der Bundesausschüsse durch schriftliche Verträge der Kassenärztlichen Vereinigungen mit den Verbänden der Krankenkassen so zu regeln, daß eine ausreichende, zweckmäßige und wirtschaftliche Versorgung der Versicherten unter Berücksichtigung des allgemein anerkannten Standes der medizinischen Erkenntnisse gewährleistet ist **und die ärztlichen Leistungen angemessen vergütet werden.**

§ 85 SGB V Gesamtvergütung
(1) Die Krankenkasse entrichtet nach Maßgabe des Gesamtvertrages für die gesamte vertragsärztliche Versorgung mit befreiender Wirkung eine Gesamtvergütung an die Kassenärztliche Vereinigung.

(2) Die Höhe der Gesamtvergütung wird im Gesamtvertrag mit Wirkung für die beteiligten Krankenkassen vereinbart. ...

(3) Die Vertragsparteien des Gesamtvertrages vereinbaren die Veränderungen der Gesamtvergütungen unter Berücksichtigung der Praxiskosten, der für die vertragsärztliche Tätigkeit aufzuwendenden Arbeitszeit sowie der Art und des Umfangs der ärztlichen Leistungen, soweit sie auf einer gesetzlichen oder satzungsmäßigen Leistungserweiterung beruhen. Bei der Vereinbarung der Veränderungen der Gesamtvergütungen ist der Grundsatz der Beitragssatzstabilität (§ 71) in bezug auf das Ausgabenvolumen für die Gesamtheit der zu vergütenden vertragsärztlichen Leistungen zu beachten.

(3a) ...
(Satz 6) Der Teil der Gesamtvergütungen, der auf die in dem einheitlichen Bewertungsmaßstab für Ärzte in den Abschnitten B VI und B VII aufgeführten Zuschläge für Leistungen des ambulanten Operierens sowie die damit verbundenen Operations- und Anästhesieleistungen entfällt, wird zusätzlich zu den in Satz 1 festgelegten Veränderungen im Jahr 1993 um 10 von Hundert im Jahr 1994 um weitere 20 von Hundert erhöht. ...

(4a) ...
(Satz 3) Der nach Absatz 3a Satz 6 zu entrichtende zusätzliche Vergütungsanteil ist bei der Honorarverteilung den Leistungen zuzurechnen, für die ein Zuschlag nach den Abschnitten B VI und B VII des einheitlichen Bewertungsmaßstabes gezahlt wird; ...

§ 115 b SGB V Ambulantes Operieren im Krankenhaus

(1) Die Spitzenverbände der Krankenkassen gemeinsam, die deutsche Krankenhausgesellschaft oder die Bundesverbände der Krankenhausträger gemeinsam und die Kassenärztlichen Bundesvereinigungen vereinbaren

1. einen Katalog ambulant durchführbarer Operationen,
2. einheitliche Vergütungen für Krankenhäuser und Vertragsärzte und
3. Maßnahmen zur Sicherung der Qualität und der Wirtschaftlichkeit.

(2) Die Krankenhäuser sind zur ambulanten Durchführung der in dem Katalog genannten Operationen zugelassen. Hierzu bedarf es einer Mitteilung des Krankenhauses an die Landesverbände der Krankenkassen und die Verbände der Ersatzkassen, die Kassenärztliche Vereinigung und den Zulassungsausschuß (§ 96); die Kassenärztliche Vereinigung unterrichtet die Landeskrankenhausgesellschaft über den Versorgungsgrad in der vertragsärztlichen Versorgung. Das Krankenhaus ist zur Einhaltung des Vertrages nach Absatz 1 verpflichtet. Die Leistungen werden unmittelbar von den Krankenkassen vergütet. Die Prüfung der Wirtschaftlichkeit und Qualität erfolgt durch die Krankenkassen, die Krankenhäuser übermitteln den Krankenkassen die Daten nach § 301, soweit dies für die Erfüllung der Aufgaben der Krankenkassen erforderlich ist.

...

(5) In der Vereinbarung nach Absatz 1 können Regelungen über ein gemeinsames Budget zur Vergütung der ambulanten Operationsleistungen der Krankenhäuser und der Vertragsärzte getroffen werden. Die Mittel sind aus der Gesamtvergütung und den Budgets der zum ambulanten Operieren zugelassenen Krankenhäuser aufzubringen.

Wirtschaftliche Aspekte zum ambulanten Operieren

Manfred Schmid

1. Ambulantes Operieren: Zielsetzung

Mit dem Gesetz zur Sicherung und Strukturverbesserung der gesetzlichen Krankenversicherung (Gesundheitsstrukturgesetz - GSG) vom 21.12.1992 sollte dem ambulanten Operieren ein stärkeres Gewicht in der Gesundheitsversorgung gegeben werden. Insbesondere unter Hinweis auf die Vereinigten Staaten mit einem über 60%igen Anteil ambulanter Operationen, versprach man sich eine erheblich kostengünstigere Versorgung der Patienten mit entsprechendem Belegungs- und damit Bettenabbau in den Krankenhäusern.

Erklärtes Ziel war es, bisher stationär erbrachte Operationen soweit eben möglich ambulant durchführen zu lassen.

2. Ambulantes Operieren unter den gegebenen gesetzlichen und strukturellen Rahmenbedingungen

Zur Umsetzung dieser Forderung wurden das Sozialgesetzbuch, das Krankenhausfinanzierungsgesetz und die Bundespflegesatzverordnung geändert, sowie diverse ergänzende Verträge und Vereinbarungen abgeschlossen (Tab. 1.):

Tab.1. Gesetzliche Rahmenbedingungen ambulanten Operierens im Krankenhaus

(1)	Nach § 115 b (2) SGB V sind die Krankenhäuser zur ambulanten Durchführung der in dem Katalog ambulant durchführbarer Operationen genannten Operationen zugelassen. Hierzu bedarf es einer Mitteilung an die Landesverbände der Krankenkassen, die Kassenärztliche Vereinigungen und den Zulassungsausschuß.
(2)	Nach § 39 Absatz 1 SGB V haben Versicherte Anspruch auf vollstationäre Behandlung in einem zugelassenen Krankenhaus (§ 108 SGB V), wenn die Aufnahme nach Prüfung durch das Krankenhaus erforderlich ist, weil das Behandlungsziel nicht durch teilstationäre, vor - und nachstationäre oder ambulante Behandlung einschließlich häuslicher Krankenpflege erreicht werden kann.
(3)	Der Vertrag nach § 115 b Absatz 1 SGB V vom 23.03.1993 regelt insbesondere den Zugang des Patienten zum ambulanten Operieren und zur prä- und postoperativer Leistungserbringung.
(4)	Die Vereinbarung zu den regelungsbedürftigen Tatbeständen des Vertrags nach § 115 b SGB V legt insbesondere die Abrechnung des ambulanten Operierens fest.
(5)	Der Katalog der ambulant durchführbaren Operationen weist diesen Leistungspunkte und Zuschläge sowie Zuschlagspunkte zu.
(6)	Die Vereinbarung von Qualitätssicherungsmaßnahmen beim ambulanten Operieren gemäß § 14 des Vertrages nach § 115 b (1) SGB V regelt insbesondere den erforderlichen strukturellen Standard.
(7)	Nach § 5 Absatz 1 der Bundespflegesatzverordnung 1985 sind für die Jahre 1993 bis 1995 die Erlöse für ambulantes Operieren gemäß § 115 b SGB V vom Budget abzuziehen.
(8)	Nach § 1 Absatz 1 des Gesetzes zur Stabilisierung der Krankenhausausgaben 1996 ist für das Jahr 1996 ein Gesamtbetrag für die Erlöse eines Krankenhauses aus Fallpauschalen, Sonderentgelten, Abteilungspflegesätzen, dem Basispflegesatz, vor- und nachstationärer Behandlung und ambulantem Operieren zu vereinbaren. Der Gesamtbetrag darf nicht höher sein als die Berechnungsgrundlage nach § 2 für das Jahr 1995, erhöht um den von den Tarifvertragsparteien vereinbarten v.H.-Satz der linearen BAT-Erhöhung.

So wurden Krankenhäuser nach § 115 b Absatz 2 SGB V zur Erbringung ambulanter Operationen zugelassen (Punkt (1) Tab.1.), nach § 39 Absatz 1 SGB V dürfen sie stationäre Leistungen nur erbringen bzw. haben die Versicherten Anspruch darauf, wenn das Behandlungsziel nicht durch ambulante Behandlung einschließlich häuslicher Krankenpflege erreicht werden kann (Punkt (2) Tab. 1.).

Das Ergebnis der gesetzlichen Förderung des ambulanten Operierens ist in Kürze wiedergegeben:

Die Zahl der ambulanten Operationen hat nicht unerheblich zugenommen, verläßliche Zahlen liegen allerdings nicht vor. Der stationäre Sektor ist aber nicht entlastet worden; dies legt zumindest die Entwicklung der Fallzahl mit einer jährlichen Steigerungsrate von über 2% nahe. Nur rund 28% der Krankenhäuser haben sich einer DKI-Studie zufolge am ambulanten Operieren beteiligt und dabei 0,2% der Operationen ambulant durchgeführt, dies alles paradoxerweise durchaus im Einklang mit den ökonomischen Interessen der Krankenkassen (Abb. 1.)

Abb. 1. Ambulantes Operieren im Krankenhaus

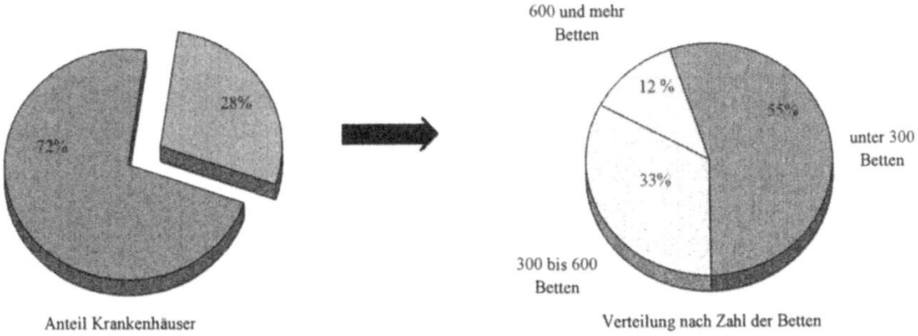

die 5.893.590 Operationen im 1. Halbjahr 1994 verteilen sich wie folgt:

31,5 %	Ambulante Operationen in freier Praxis	68,3 %	Stationäre Operation	0,2 %	Ambulante Operationen im Krankenhaus

Quelle: DKI, Infratest, ZI, 1995

Es darf in Erinnerung gerufen werden, daß den Krankenhäusern in den Jahren 1993 - 1995 leistungsunabhängig feste Budgets garantiert wurden, wobei die Erlöse aus dem ambulanten Operieren von den Erlösbudgets abzuziehen waren (Punkt (8) Tab. 1.).

Diese Regelung implizierte, daß die Krankenhäuser an zusätzlichen Leistungen nicht interessiert sein konnten, da mit weiteren Leistungen auch die variablen Kosten steigen und dann - bei festem Erlösbudget - das Betriebsergebnis verschlechtert wird.

Eine Mengenausweitung war insofern zumindest betriebswirtschaftlich nicht opportun, politisch aber auch nicht gewollt. Vielmehr war die Substitution stationärer durch ambulante Operationen angestrebt. Der Anreiz für die Krankenhäuser: Kostenvorteile durch Wegfall der stationären Aufenthalte ohne Preisrisiko, da möglicherweise nicht kostendeckende Preise ambulanter Operationen durch Ausgleiche im Rahmen der Erlösgarantie kompensiert wurden.

Für das einzelne Krankenhaus stellte sich die Situation jedoch etwas anders dar (Tab. 2.):

Tab. 2. Wirkung ambulanten Operierens im Krankenhaus

Erlöse	ggf. Mindererlöse durch Pflegepersonalregelung
Kosten	**Mehrkosten durch:** - organisatorische Maßnahmen - ggf. Umbaumaßnahmen - Einzelleistungsabrechnung - Funktionspersonal - verminderte Liquidität **Minderkosten durch Reduzieren der Pflegetage:** - Lebensmittel - medizinischer Bedarf
Risiken	- forensisches Risiko - Qualitätsrisiko - Freies-Bett-Risiko - Kostenausgliederungsrisiko

Durch das feste, nach oben begrenzte Erlösbudget waren zwar keine Mehrerlöse, grundsätzlich aber auch keine Mindererlöse möglich, es sei denn, durch die mit dem ambulanten Operieren verbundene Reduzierung der Anzahl der Pflegetage errechnete sich gemäß Pflegepersonalregelung ein Minderbedarf an Pflegekräften, was zu einem entsprechenden Kostenerstattungsanspruch der Krankenkassen führte.

Auf der Kostenseite waren Mehrkosten durch organisatorische Maßnahmen unausweichlich, da das ambulante Operieren andere Abläufe als im stationären Bereich erfordert. Mehrkosten wurden weiter durch ggf. notwendig werdende Umbaumaßnahmen verursacht wie auch die Einzelleistungsabrechnung im Vergleich zur pauschalen, tageweisen Abrechnung im stationären Bereich zu einem höheren Aufwand führte.

Die prä- und postoperative Betreuung der Patienten gehörte bislang zum Aufgabengebiet des Pflegedienstes auf den Stationen und mußte nun von ggf. zusätzlich einzustellendem Funktionspersonal geleistet werden.

Für eine Varizen-Operation war stationär bei einer durchaus nicht seltenen Verweildauer von 8 Tagen und einem Pflegesatz von 400 DM/Tag ein Erlös von 3.200 DM zu erzielen, ambulant nur rd. 1.100 DM, also mithin 2.100 DM weniger. Da dieser "Fehlbetrag" erst mit einer Zeitverzögerung von zwei Jahren (Mindererlöse im Jahre 1993 werden in 1995 erstattet) von den Krankenkassen erstattet wurde, ergaben sich entsprechende Kapitalkosten.

Diesen Mehrkosten standen zwar Minderkosten durch Reduzierung der Pflegetage gegenüber, dies allerdings nur im variablen Bereich, also primär bei Lebensmitteln und medizinischem Bedarf.

Neben den Erlös- und Kostenwirkungen waren auch die mit dem ambulanten Operieren verbundenen Risiken nicht zu vernachlässigen.

Hinsichtlich der forensischen Risiken seien hier nur die Stichworte Indikationsstellung unter Berücksichtigung des sozialen Umfelds des

Patienten, die therapeutische Aufklärung und die Sicherstellung der postoperativen Versorgung genannt.

Das Qualitätsrisiko im Krankenhaus war sicher nicht im medizinischen Bereich zu sehen, hier haben die Krankenhäuser gegenüber den Vertragsärzten eher Vorteile, wohl aber im Servicebereich bei der Integration der ambulanten Operationen in den stationären Betrieb: Gemeinsamer Aufenthalt mit Schwerstkranken im Aufwachraum wie auch ggf. eintretende längere Wartezeiten durch zu operierende Notfälle tragen sicher nicht zum Wohlbefinden des Patienten bei.

Ein nicht zu unterschätzendes Risiko war für die in der Regel einseitig auf Akutversorgung ausgerichteten Häuser das Freie-Bett-Risiko: in vielen Kliniken wird ein freies Bett sofort wieder belegt. Die Substitution stationärer durch ambulante Leistungen hätte freie Betten zur Folge gehabt und so das Risiko einer nicht refinanzierten Leistungsausweitung erhöht.

Schließlich ist noch das Kostenausgliederungsrisiko zu nennen. Wenn auch den Krankenhäusern zunächst durch das gesicherte Erlösbudget das Preisrisiko genommen war, so wird die Kostenausgliederung zu Vollkosten zukünftig zur Pflicht werden. Die Befürchtung ähnlich hoher Defizite wie in der ambulanten Notfallversorgung ist dabei nicht unberechtigt.

Die Frage der leistungsgerechten Entgelte ist mithin eminent wichtig.

Den bekannten Veröffentlichungen zufolge sind die Preise ambulanter Operationen nicht kostendeckend, wobei auf Einzelberechnungen bestimmter Leistungen abgestellt wird und insbesondere auf die unterschiedliche Preisgestaltung ambulanter und stationärer Leistungserbringung hingewiesen wird.

Tab. 3. Preise ausgewählter Leistungen ambulant - stationär

Leistung	Ambulanter Preis 1) Operation DM	Stationärer Preis Operation 2) DM	Gesamtleistung DM
Stammvaricosis	1.084,00	1.674,62	3.710,62
Alte Kreuzband-ruptur	1.585,00	3.107,59	9.967,60
Material-entfernung	963,00	1.251,62	4.167,63
Hernie	950,00	1.239,91	3.742,31
CTS	950,00	1.324,87	4.922,89

1) Punktwert/10 Pf. Zuschläge, sonst 8 Pf
2) Preise 1996 Schleswig-Holstein

Gemäß Tab. 3. sind die Preise des ambulanten Operierens tatsächlich erheblich niedriger als die im stationären Bereich. Aber sind die Preise vergleichbar? Ein Blick auf die Kostenarten gem. Tab.4., die bei der jeweiligen Preisgestaltung berücksichtigt sein sollten bzw. berücksichtigt worden sind, läßt sofort erkennen, daß die Preisfindungsmechanismen derart unterschiedlich sind, daß sich jeder Vergleich verbietet.

Tab. 4. Im Preis berücksichtigte Kostenarten ambulant - stationär

Kostenart	**Ambulante Operation**	**Stationäre Operation**
Investive Kosten	X	-
Kosten Operateur	X	X
Kosten Anästhesist	X	X
Kosten Arzthelferin	X	-

Kosten Funktionsdienst	(X)	X
Kosten Bereitschafts-dienst	-	X
Kosten Weiterbildung	-	X
Kosten Schleusen-dienst	-	X
Sachkosten	X	X
Gemeinkosten, OP	X	X
Sonstige Gemeinkosten, Energie etc.	X	-

So sind in die Krankenhauspreise zwar keine investiven Kosten eingeflossen, aber im erheblichen Umfang strukturbedingte Mehrkosten (Tab.5.).

Tab.5. Strukturbedingte Mehrkosten im Krankenhaus durch:

Hygienerichtlinien
Lohn- und Gehaltstarif
Ausbildungsstand der nichtärztlichen Kräfte
Ärztliche Weiterbildung
Bereitschaftsdienst

Des weiteren sind auch die Leistungen selbst nicht vergleichbar. So erforderten beispielsweise die in unserem Hause durchgeführten Varizenoperationen im Durchschnitt 156 min. Schnitt-Naht-Zeit, die aus dem vertragsärztlichen Bereich bekannten Zeiten liegen deutlich darunter. Derartig zeitaufwendige operative Eingriffe werden mithin kaum in Praxen durchgeführt. Die Forderung nach leistungsgerechten Entgelten ist berechtigt, sie kann aber, wie dargelegt, zu unterschiedlichen Preisen für Praxen und Kliniken führen.

In Tab.6. sind die ambulanten Erlöse den "variablen" Kosten unserer Klinik gegenübergestellt, wobei die ersten 5 Leistungen bei uns zur Zeit nur stationär, die darunter stehenden Leistungen in der Regel ambulant erbracht werden. Die ausgewiesenen Deckungsbeiträge als Differenz von Erlösen und Kosten machen deutlich, daß daraus in der Regel die fixen Kosten (Abschreibungen, Zinsen, Energie, Gemeinkosten) nicht refinanzierbar sind.

Tab.6. Deckungsbeitrag ausgewählter ambulanter Operationen

OP Art	Bezeichnung	Erlöse 1)	Kosten	Deckungs-beitrag
2860	Varizen	1.084,00	2.314,00	-1.230,00
2449	Arthroskopie und Meniskusnaht	1.585,00	2.198,00	-613,00
2362	Materialentfernung große Röhrenknochen	963,00	1.231,00	-268,00
2626	Leisten- oder Schenkelbruch	1.222,00	1.175,00	47,00
2275	CTS	950,00	1.003,00	-53,00
2105	Exzision von tiefliegendem Körpergewebe	509,00	399,70	109,30
2106	Exzision einer gr. Geschwulst	593,00	574,77	18,23

2220	OP eines Ganglions / Ringband	594,00	498,48	95,52
2220/2227	OP eines Ganglions / Ringband + Tenosynovektomie	777,00	486,10	290,90
2220/2441	OP eines Ganglions / Ringband + Synovektomie	760,00	582,69	177,31
2270	Dupuytren	864,00	608,63	255,37
2361	Entfernung Stellschrauben	593,00	484,74	108,26
2362	Osteosynthese kl.	673,00	519,44	153,56
2445	Diagnostische Arthroskopie	926,00	486,63	439,37
2447	Resizierende Arthroskopie	1.209,00	904,11	304,89
2485	Resektion eines Finger- / Zehengelenkes	514,00	454,11	59,89

1) Punktwert Zuschläge 10 Pf, ansonsten 8 Pf

So betrachtet war das ambulante Operieren für die Krankenhäuser bei gegebenen strukturellen und rechtlichen Rahmenbedingungen völlig uninteressant und es ist daher schon erstaunlich, daß sich rund 28% der Häuser am ambulanten Operieren beteiligen.

Aber auch die Krankenkassen waren an der Substitution stationärer durch ambulante Operationen nicht sonderlich interessiert, da deren Ausgaben vom bereits erwähnten Zinsvorteil abgesehen nicht gemindert wurden. Sie mußten in ihren Häusern Abrechnungskompetenz aufbauen und entsprechende Abrechnungsstellen schaffen, sie hatten z.T. sogar Mehrausgaben, nämlich dann, wenn in Verbindung mit einer ambulanten Operation häusliche Krankenpflege notwendig wurde. In unserem Haus hat dies dazu geführt, daß mehrere ambulant mögliche Operationen stationär durchgeführt werden mußten, da es die Krankenkassen ablehnten, die Kosten der häuslichen Krankenpflege zu übernehmen.

Das Jahr 1996 brachte mit dem Gesetz zur Stabilisierung der Krankenhausausgaben allerdings Änderungen, die das Einvernehmen zwischen Krankenhäusern und Kostenträgern aufhoben. So erhalten die Krankenhäuser kein festes Erlösbudget mehr, vielmehr wird eine Erlösobergrenze vereinbart, Mehrerlöse sind zu 100% auszugliedern, Mindererlöse im Budgetbereich werden zu 75%, im Fallpauschal- und Sonderentgeltbereich zu 50% ausgeglichen. Damit haben sich die Bedingungen für die Krankenhäuser hinsichtlich der Kosten und Risiken des ambulanten Operierens gegenüber dem Zeitraum 1993 - 1995 nicht verändert, wohl aber hinsichtlich der Erlöse.

Ein Krankenhaus, das eine Varizenoperation, die bisher stationär erbracht wurde, durch eine ambulante Leistung substituiert, erhält nunmehr unter sonst gleichen Bedingungen rd. 590 DM weniger Erlös (Preis Fallpauschale abzgl. 50% abzgl. Erlöse ambulante Operation), bei alter Kreuzbandruptur belaufen sich die Mindererlöse auf 3.256 DM (Tab. 7).

Tab.7. Erlöswirkung ambulanter Operationen im Krankenhaus 1996

1. Leistung Stammvaricosis	**DM**
- Mindererlös Fallpauschale 50% von 3.710,62	1.855,31
- Mehrerlös ambulante Operation 1)	1.269,76
- verbleibt Mindererlös	589,55
2. Leistung Alte Kreuzbandruptur	
- Mindererlös Fallpauschale 50% von 9.967,60	4.983,80
- Mehrerlös ambulantes Operieren 1)	1.728,00
- verbleibt Mindererlös	3.255,80
3. Leistung Arthroskopie diagnostisch	
- Mindererlös bei 3 Tagen Verweildauer und 400 DM Pflegesatz zu 25%	300,00
- Mehrerlös ambulantes Operieren	1.069,07
- verbleibt Mehrerlös	769,07

1) inkl. prä- und postop. Leistungen

Will ein Krankenhaus seine vereinbarten Erlöse erwirtschaften, muß es entsprechende Mehrleistungen erbringen. Im Budgetbereich sieht die Situation ggf. anders aus. So führt die Substitution einer diagnostischen Arthroskopie unter Bedingungen eines 3-tägigen Aufenthaltes bei einem Pflegesatz von 400 DM zu Mindererlösen in Höhe von 300 DM (400 DM x 3 Tage x 0,25, 75% werden ausgeglichen), denen durch die Abrechnung als ambulante Operation 769 DM Mehrerlöse gegenüberstehen.

Unabhängig von dieser einzelbetrieblichen Betrachtung: der politische Druck auf die Krankenhäuser wird zunehmen, wobei § 39 Absatz 1 SGB V, wonach stationäre Leistungen nur dann zu erbringen sind, wenn das Behandlungsziel nicht ambulant erreicht werden kann, als Hebel benutzt werden dürfte. Die Krankenhäuser, die sich dem ambulanten Operieren verschließen, werden wichtige Kunden an den vertragsärztlichen Bereich oder an andere, ambulant operierende Krankenhäuser verlieren. Letzteres ist besonders gefährlich, weil ambulant verlorene Patienten auch stationär verloren sein könnten.

Sind die „verlorenen" Patienten aber nicht durch andere stationäre Patienten substituierbar, sinken Fallzahl und Belegung, die diagnostischen und therapeutischen Kapazitäten sind nicht mehr ausgelastet, die Fallkosten steigen, die Konkurrenzfähigkeit, ja, die Existenz, ist gefährdet.

Was kann, muß eine Klinik also tun, um die eigene Marktposition zu verbessern oder sich zumindest am Markt behaupten zu können?

3. Ambulantes Operieren als integrativer Bestandteil eines marktorientierten unternehmerischen Gesamtkonzepts

Das marktkonforme unternehmerische Konzept kann meines Erachtens nur die Schaffung eines an den jeweiligen Behandlungsschwerpunkten orientierten, abgestuften, integrierten Behandlungsangebotes sein, bestehend aus ambulanter und stationärer Akutversorgung sowie ambulanter und stationärer Rehabilitation, Kurzzeitpflege und ggf. häuslicher Krankenpflege (Abb. 2.).

Abb. 2. Versorgungskonzept der Lubinus-Klinik

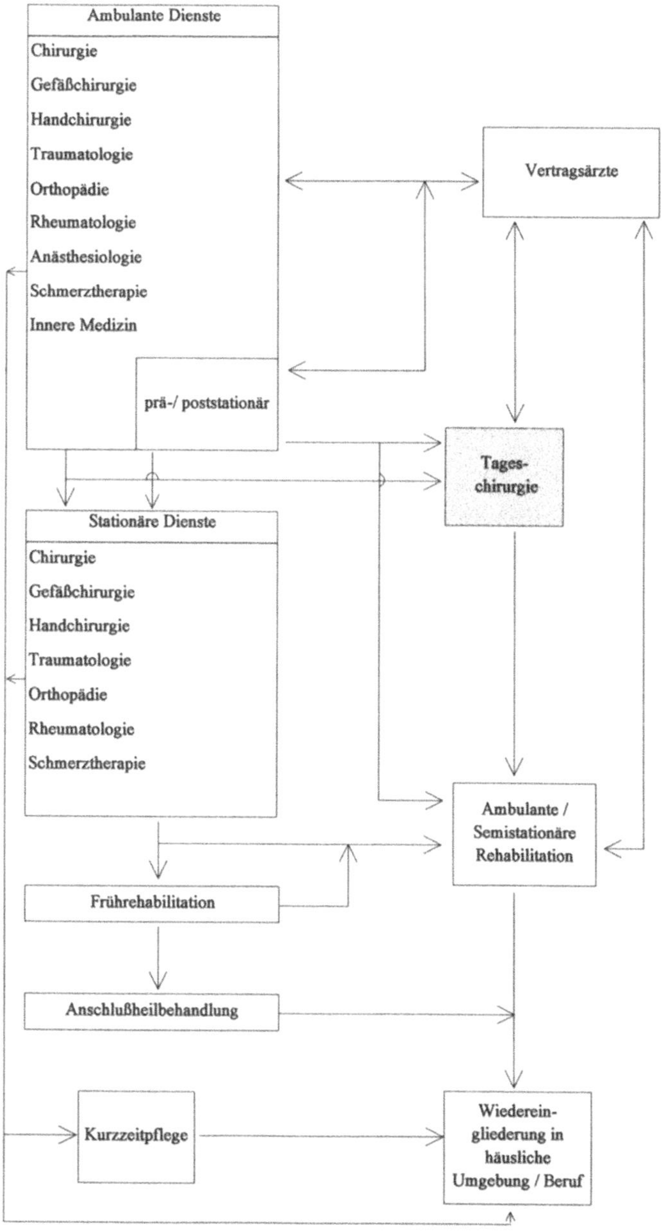

Nur im Rahmen eines derartigen Konzeptes ist die weitestgehende Behandlung des Patienten durch den operierenden Arzt und damit eine abgestimmte Therapie des Patienten möglich. Außerdem besteht eine bessere Reaktionsmöglichkeit bei Komplikationen, Mehrfachuntersuchungen werden zudem vermieden. Zwischen ambulanter Akutversorgung, stationärer Akutversorgung und Rehabilitation entstehen weiter keine Wartezeiten, so daß die Gesamtbehandlungszeit verkürzt werden kann. Letztlich wird die Versorgungsqualität verbessert bei gleichzeitiger Ausschöpfung des Kostensenkungspotentiales. Durch die Ergänzung des akutstationären Angebotes werden somit vorhandene Ressourcen betriebswirtschaftlich, volkswirtschaftlich und medizinisch gleichermaßen sinnvoll genutzt.

Eine weitere, bessere Ressourcennutzung kann zudem durch Kooperation mit Vertragsärzten sowie durch medizinisches und nichtmedizinisches Outsourcing erreicht werden (Tab.8.)

Tab.8. Bessere Ressourcennutzung durch:

- **Kooperation mit Vertragsärzten**
  Med. techn. Geräte
  Operative Einrichtungen
  Ambulanz

- **Medizinisches Outsourcing**
  Radiologie
  Labor
  Physikalische Therapie

- **Nichtmedizinisches Outsourcing**
  Küche
  Technik

Wie ist das ambulante Operieren in dieses Konzept einzubeziehen? Grundsätzlich sind im Krankenhaus folgende Organisationsformen ambulanten Operierens denkbar:

(1) Das Satellitenzentrum in unmittelbarer Anbindung an das Krankenhaus oder auf dem Krankenhausgelände.
(2) Die gesonderte Abteilung.
(3) Die Integration in den stationären Ablauf oder eine
(4) Mischform.

Bei der Entscheidungsfindung für die richtige Organisationsform ist zu berücksichtigen, daß die zeitliche Verdichtung der Therapie beim ambulanten Operieren ein hohes Maß an Organisation, reibungsloser Teamarbeit und räumlich strukturellen Gegebenheiten erfordert, die zügige Arbeitsabläufe gewährleisten. Weite Wege und die Inanspruchnahme von Spezialabteilungen mit einer Vielzahl beteiligter Krankenhausmitarbeiter mit jeweils getrennter Verantwortlichkeit und Kompetenz entsprechen diesen Anforderungen jedoch nicht.

(1) Organisationsform Satellitenzentrum

Zugeschnitten auf die hier bekannten Abläufe ambulanten Operierens läßt sich ein idealtypisches Raumangebot konzipieren, baulich i.d.R. am einfachsten im Rahmen eines neu zu erstellenden Satellitenzentrums umzusetzen.

Die Vorteile einer derartigen Lösung sind:

1. Die Struktur kann bestmöglich an die Abläufe angepaßt werden.

2. Eingriffe in vorhandene Bausubstanz sind nicht notwendig.

3. Der Krankenhausbetrieb wird nur peripher durch die Baumaßnahme beeinträchtigt.

4. Die OP-Kapazität kann, da vom Klinikbetrieb getrennt, ohne Probleme an Vertragsärzte vermietet werden, die Leistungsstruktur ist damit nicht an das Spektrum des Hauses gebunden.

5. Bei weitestgehend eigenem Personalstand (Anästhesie, Funktions-, Pflege-, Med.-Techn. Dienst und Verwaltungsdienst) ergeben sich keine Schnittstellenprobleme zur Klinik, die Strukturnachteile gem. Tab.5. sind beseitigt.

Dagegen stehen als Nachteile einer derartigen Lösung:

1. Sie ist nicht sofort realisierbar, da eine Vorlaufzeit für Planung und Neubau erforderlich ist.

2. Hohe Investitionskosten. Die untere Grenze dürfte bei etwa 2 Mio. inkl. Einrichtung liegen.

3. Die Bundespflegesatzverordnung läßt zur Zeit keine Refinanzierung der investiven Kosten zu, der Betriebskosten auch nur dann, wenn diese im stationären Bereich entsprechend reduziert oder für andere Leistungen genutzt werden.

(2) Organisationsform gesonderte Abteilung

Eine solche Organisationsform liegt vor, wenn eine organisatorisch eigenständige Einheit mit eigenem Personal und Räumlichkeiten im Klinikgebäude vorgehalten wird.

Der große Vorteil einer derartigen Lösung ist die Umwidmung nicht mehr notwendiger, also unproduktiver in produktive Bausubstanz.

Nachteilig sind ggf. eintretende Störungen des Krankenhausbetriebs während der Umbauphase, des weiteren zwingt die Bausubstanz häufig zu Kompromissen.

(3) Organisationsform integriert in den stationären Ablauf

Die Vorteile dieser Lösung sind:
- schnelle Umsetzbarkeit,
- keine Um- oder Neubaukosten,
- Nutzung vorhandener Ressourcen.

Als Nachteile stehen dagegen:
- innerbetriebliche Friktion durch die Koordinationsprobleme, ambulant und stationär,
- Vorrang der Notfallbehandlung,
- Anpassung an ökonomische Sachzwänge sind schwerer realisierbar,
- Schwerfälligkeit des stationären Betriebes wird auf die ambulante Leistungserbringung übertragen,
- Kosten, die durch die auf die stationäre Versorgung zugeschnittenen Vorschriften wie Hygiene etc. entstehen, belasten auch das ambulante Operieren,
- Einbußen, nicht unbedingt in der Ergebnis-, aber in der Prozeßqualität.

Die integrierte Organisation ist, dies bestätigen auch die Erfahrungen in anderen Ländern aufgrund der dargestellten Nachteile, zumindest dann, wenn auf Dauer angelegt, nicht geeignet.

Ob im Rahmen vorhandener Bausubstanz eine gesonderte Abteilung oder aber ein Satellitenzentrum erstellt werden sollte, ist von den Gegebenheiten des einzelnen Hauses abhängig. Wir meinen, durch Anbau in Verbindung mit der Nutzung bereits vorhandener Bausubstanz, die für unser Haus richtige Lösung gefunden zu haben (Abb. 3).

Abb. 3. Tageschirurgie

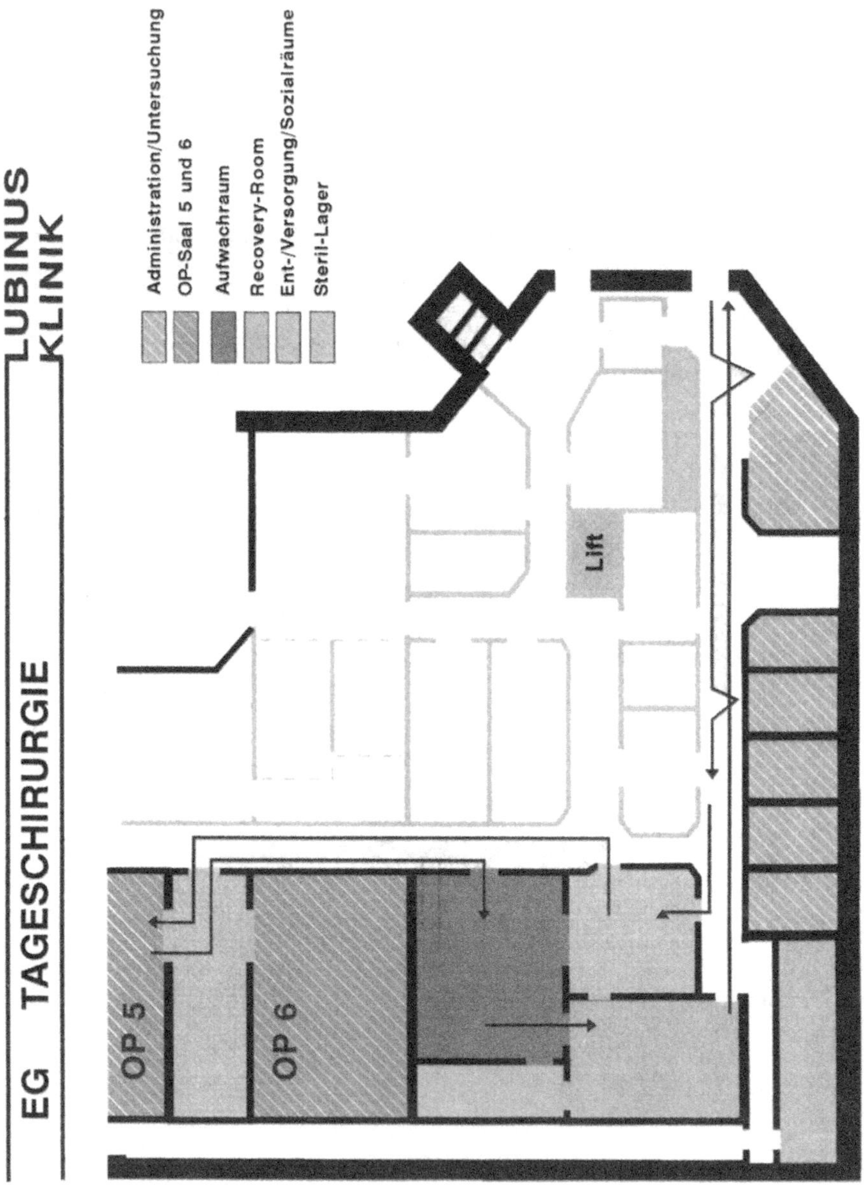

Die tageschirurgische Einheit wird außerhalb des Budgets durch ermächtigte Ärzte und durch im Haus niedergelassene Vertragsärzte gegen Entgelt sowie durch die Klinik (in 1995 auch außerhalb des Budgets, da wir zum 01.01.1995 auf das neue Entgeltsystem umgestiegen sind) als Institut genutzt. Der Zusammenarbeit mit den Vertragsärzten kommt dabei eine besondere Bedeutung zu. Sie garantiert nicht nur eine wirtschaftliche Nutzung der vorhandenen Ressourcen, sondern trägt auch zu Einstellungsänderungen der Krankenhausmitarbeiter insbesondere hinsichtlich gewohnter und gepflegter Personalbemessungsstandards sowohl qualitativ als auch quantitativ bei. Sie ist außerdem so konzipiert (Abb. 4.), daß sie flexibel ambulant wie stationär genutzt werden kann. Da wir insbesondere freitags keine ambulanten Operationen durchführen, ist so eine bessere Ressourcennutzung garantiert.

Abb. 4. Räumliche Zuordnung der ambulanten und stationären Operationssäle

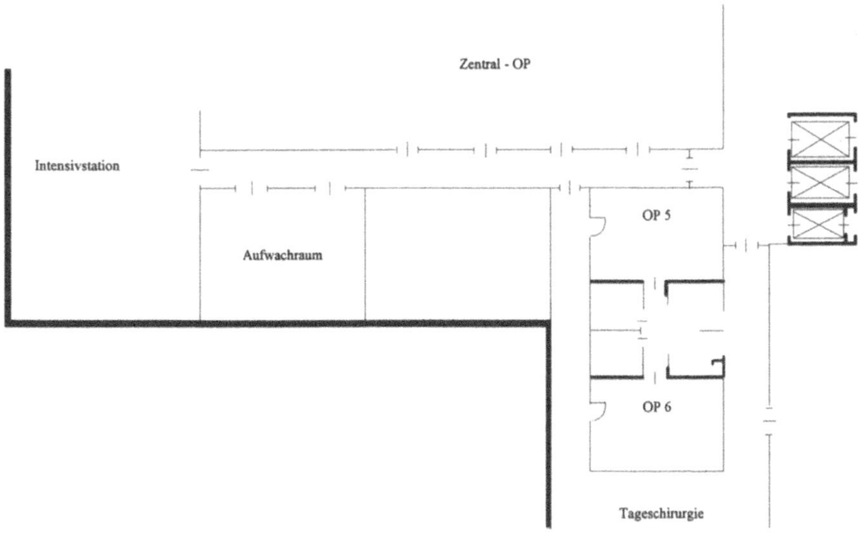

4. Resümee

Lassen Sie mich zusammenfassen.
Die rechtlichen Rahmenbedingungen einschließlich des Preissystems ambulanter Operationen sind für alle Anbieter eher leistungsfeindlich als leistungsfördernd.

Für die Krankenhäuser kommt hinzu, daß diese in der Regel strukturell ausschließlich auf die akutstationäre Versorgung (von Ambulanzen und Ermächtigungen abgesehen) ausgerichtet sind.

Hier ist es Aufgabe des einzelnen Krankenhausträgers, ein marktkonformes, unternehmerisches Konzept zu formulieren und sein Haus entsprechend auszurichten. Für das ambulante Operieren heißt dies insbesondere, die Konkurrenzfähigkeit gegenüber anderen Anbietern herzustellen, mithin die vorhandenen Strukturnachteile zu beseitigen.

Des weiteren müssen aber auch die leistungsfeindlichen rechtlichen Rahmenbedingungen geändert werden, die Bundespflegesatzverordnung von 1995 war ein Schritt in die richtige Richtung, das Gesetz zur Stabilisierung der Krankenhäuser führt drei Schritte zurück.

Letztlich ist auch das Preissystem für ambulante Operationen leistungsgerecht auch unter Einbeziehung von Kosten der ärztlichen Weiterbildung, bspw. durch Zuschläge neu zu gestalten. Dabei ist zu berücksichtigen, daß der scheinbar unbegrenzten mengenmäßigen Nachfrage nach medizinischen Leistungen eine determinierte monetäre Nachfrage gegenübersteht. Hier gilt es, die Sozialleistungsträger von Fremdleistungen zu befreien (hier sind unsere Verbände gefragt), aber auch eine schärfere Trennung von medizinisch notwendigen und individuell gewünschten Leistungen vorzunehmen (hier sind die Ärzte gefragt). Damit wäre die Grundlage gegeben, die monetäre Nachfrage zu erhöhen und gleichermaßen die Gesundheit unserer Bevölkerung und den Standort Deutschland zu sichern.

Das ambulante Operieren im Krankenhaus aus der Sicht des Krankenhausträgers

Interview mit E.Möhlmann, Verwaltungsdirektor, St. Vincentius-Krankenhäuser, Karlsruhe

Nach dem neuen Pflegerecht gilt der Grundsatz, daß ambulante und teilstationäre Behandlung den Vorrang haben sollen vor der stationären Versorgung. Und auch für Krankenhausleistungen gilt seit 1993, daß Patienten nur dann Anspruch auf vollstationäre Leistungen haben, wenn das Behandlungsziel anders nicht zu erreichen ist. Manche Experten hegen deshalb bereits die Befürchtung, daß die Patienten künftig auch bei größeren Operationen zu früh nach dem Eingriff nach Hause geschickt, wenn nicht gar regelrecht aus der Klinik hinausgeworfen werden könnten. Welche Operationen bieten Sie denn in ihrer Klinik derzeit ambulant an?

Bei uns werden bisher Kataraktoperationen und die Handchirurgie ambulant durchgeführt, darüber hinaus gibt es im Rahmen von Ermächtigungen der Chefärzte auf dem ambulanten Sektor noch die Arthroskopie.

Werden Sie dieses Spektrum in nächster Zeit erweitern?

Ambulante Eingriffe sind bei uns bisher nur in fünf Prozent aller Fälle möglich. Das liegt daran, daß wir auf die große Tumorchirurgie und auf andere große Eingriffe wie Hüftoperationen, Operationen an der Wirbelsäule, den Knien oder der Schilddrüse spezialisiert sind, bei denen die Gefahr von Nachblutungen erheblich ist. Deshalb liegt für uns der Schwerpunkt auf der stationären Versorgung; dafür sind wir eingerichtet und das sollte auch in Zukunft so bleiben. Ziel sollte sein, daß die ambulante Versorgung in den Praxen Vorrang hat und nur die Patienten zu einer Operation in die Klinik kommen, bei denen eine Behandlung anders nicht möglich ist. Wir wollen auf dem ambulanten Sektor nicht mit den niedergelassenen Ärzten konkurrieren.

Könnte es für viele Kliniken nicht einfach aus wirtschaftlichen Gründen heraus notwendig werden, hier verstärkt einzusteigen?

Einer der Hauptgründe für die Zurückhaltung auf diesem Gebiet ist die derzeitige Unsicherheit der Vergütung. Beim jetzigen System ist deren Höhe ja bei der Ausführung eines Eingriffs noch gar nicht bekannt. Wir haben bei unserer Kalkulation festgestellt, daß die meisten Eingriffsarten uns Verluste bringen würden - und das hindert die Krankenhäuser natürlich auch am ambulanten Operieren.

Wird das so bleiben?

Ich gehe davon aus, daß sich die Bezahlung ändert und daß in Zukunft aus dem Gesamtbudget der Kassen mehr für ambulantes Operieren ausgegeben werden wird; das würde bedeuten, daß solche Eingriffe für die Krankenhäuser nicht immer unwirtschaftlich bleiben müssen. Außerdem muß man sehen, daß sich - auch bei schweren Operationen - die Liegezeiten verkürzen werden. Durch neue Operationstechniken werden sich ebenfalls Änderungen ergeben. All dies wird sich auswirken; da werden Kapazitäten frei werden. Dieser Effekt hat bereits eingesetzt, doch wurde er bisher bei uns durch eine wachsende Zahl von Behandlungen, die aus der demographischen Entwicklung resultieren, aufgefangen. Möglicherweise werden die so freiwerdenden Kapazitäten später einmal für ambulantes Operieren genutzt werden können. Falls es notwendig wird, werden wir dann auch auf diesem Gebiet in den Wettbewerb eintreten - wir müssen ja auch daran denken, daß wir möglicherweise andernfalls im Krankenhaus sonst nur noch Schwerstfälle haben. Auch werden die Kliniken schon deshalb nicht umhin können, ambulant zu operieren, weil dies von den Patienten gewünscht wird.

Was wird sich in den Kliniken ändern, wenn sie vermehrt ambulante Operationen durchführen?

Nun, es wird auf jeden Fall die vorstationäre Diagnostik entfallen, dadurch werden Pflegekräfte frei. Wenn die Patienten gleich nach der Operation nach Hause gehen, werden Betten- und Pflegebedarf sinken; auf der anderen Seite werden wir einen Aufwachraum einrichten müssen, ein Zimmer auf Station wird man für die ambulanten Patienten reservieren müssen. Für den Pflegedienst wird dies eine halbe Intensiv-Überwachung, die Beanspruchung für Schwestern und Pfleger wird wachsen.

Halten Sie es für denkbar, daß Sie im OP-Bereich mit niedergelassenen Ärzten kooperieren, ähnlich wie dies mit Belegbetten auf den Stationen ja schon lange der Fall ist?

Wir haben derzeit selbst noch zu wenig OP-Kapazität. Aber man muß da neue Wege gehen. Wir kooperieren beispielsweise in der Kardiologie bereits mit einer großen Facharztpraxis. Da haben wir einen gemeinsamen Kathedermeßplatz eingerichtet: 2000 Patienten kommen von uns, 700 aus der Praxis. Solche Kooperationen werden zunehmen. Vom Land Baden-Württemberg werden sie auch gefordert als Voraussetzung für die Genehmigung solch teurer Einrichtungen. Ebenso ist es denkbar, daß man zu einem späteren Zeitpunkt auf diese Weise mit niedergelassenen Ärzten im OP-Bereich oder dem Aufwachraum kooperieren wird.

Zurück zur Gegenwart. Wie ist für die Patienten, die heute in ihrer Klinik ambulant operiert werden, die Nachsorge und Nachbetreuung geregelt?

Zunächst wird der Patient ja noch hier überwacht, danach wird er, in Rücksprache mit dem Hausarzt, entlassen. Wenn er Pflege braucht, läuft das über die Sozialstation. Zur Nachuntersuchung kommt der Patient dann wieder in die Klinik.

Und wer ist verantwortlich bei einem postoperativen Notfall?

Das hatten wir bisher noch nicht. Was natürlich vorkommen kann ist, daß man während eines Eingriffs merkt, daß Komplikationen entstehen können. Dann behalten wir den Patienten gleich bei uns, das ist der Vorteil der ambulanten Operation in der Klinik.

(Das Interview führte Johanna Eberhardt)

Die Entwicklung des ambulanten Operierens

Interview mit K.N. Gebhart, Köln

Mit dem ambulanten Operieren verbinden die Beteiligten meist große Erwartungen, es soll alles besser werden für die Patienten und die Kostenträger. Wie beurteilen Sie die Entwicklung?

Das Bild des ambulanten Operierens in der Bevölkerung stellt den Höhepunkt einer Idealvorstellung dar, der vor allem mediengeprägt durch viele, sich ständig übertreffende Neuerungen in der Medizin bis heute erreicht wurde.

Für den Patienten ist es die Erfüllung des Wunsches, möglichst unbeschadet die mit großen persönlichen Ängsten verbundene Situation des "Operiert-werden-müssens" doch angenehm überstehen zu können. Für die Ärzte hingegen beinhaltet das ambulante Operieren eine chancenreiche berufliche Zukunftsperspektive mit großer persönlicher Entfaltungsmöglichkeit. Hohe professionelle medizinische Qualität in der operativen Medizin kann nun mit dem persönlichen Engagement des eigenständigen Unternehmers unter unmittelbarer Hinwendung zum Patienten angeboten werden.

Wo klaffen Wunschwelt und Wirklichkeit auseinander?

Für den Patienten bleibt die Einsicht, daß es sich auch beim ambulanten operativen Eingriff um eine Operation handelt, mit allen intra- und postoperativen Risiken und mit der besonderen eigenverantwortlichen Komponente des Patienten in der ambulanten Situation, da hier die behütende stationäre Betreuungs- und Pflegesituation nicht gegeben ist.

Für die Ärzte bleibt die Erkenntnis, daß verstärkt unternehmerisches Verhalten gefragt ist, bis hin zur Absicherung der Finanzierung und daß ein neuer kooperativer und kollegialer Arbeitsstil vor allem in Zusammenarbeit mit den Hausärzten und Klinikkollegen enorm wichtig geworden ist.

Ist die Nachsorge ausreichend geregelt?

Besonders dadurch, daß im ambulanten Bereich nur "kleinere" chirurgische Eingriffe durchgeführt werden, stand anfänglich die Nachbetreuung nicht im Mittelpunkt der Betrachtung. Verständlich ist jedoch, daß der Patient nach dem operativen Eingriff in der ersten Zeit zu Hause auf sich selbst gestellt ist und da durchaus die eine oder andere kritische Minute erleben kann. Allein auf die psychische Situation muß der Patient ganz anders vorbereitet werden. Er muß einen Ansprechpartner haben. Sowohl Hausarzt als auch Chirurg sollten jederzeit telefonisch erreichbar sein.

Wo liegen die ernstzunehmenden medizinischen Risiken und Komplikationen?

Die entscheidenden Fragestellungen in der postoperativen Situation sind die Behandlung akuter Schmerzen, akute Probleme mit der Operationswunde oder die gravierende Komplikation einer tiefen Beinvenenthrombose und einer nachfolgenden Lungenembolie.

Aber es gibt doch ambulante Einrichtungen, die all das verhindern sollen?

Es gibt bereits viele gut funktionierende Modelle in Klinik und Praxis, die in einer kooperativen Zusammenarbeit zwischen Chirurg, Hausarzt und ambulanter Pflege eine optimale ambulante Therapie durchführen. Die Erfahrungen aus diesen Modellen zeigen, daß es notwendig ist, die Zuständigkeiten der verschiedenen Partner ganz klar zu regeln und den

Patienten in ausgiebigen Gesprächen nicht nur über die operative Situation, sondern auch über die postoperative Phase und die notwendigen postoperativen Behandlungsmaßnahmen aufzuklären. Nicht nur der Chirurg trägt hier die Verantwortung, sondern auch der Hausarzt, denn nur in gut funktionierenden Therapiekonzepten kann der Patient sicher sein, optimal behandelt zu werden.

Würden Sie sich ambulant operieren lassen?

Ja, selbstverständlich. Auch ich würde die Vorteile eines ambulanten Eingriffs genießen wollen und die Attraktivität meines häuslichen Umfelds nur ungern gegen die Fremde eines Krankenzimmers in der Klinik eintauschen wollen.

(Das Interview führte Johanna Eberhardt)

Der Hausarzt als Lotse des Patienten beim ambulanten Operieren

Interview mit Heinz Jarmatz, Erster Vorsitzender des BPA-Landesverbandes Niedersachsen, Barendorf

Immer mehr Operationen werden ambulant durchgeführt, es gibt immer mehr Praxen und Praxis-Kliniken, die entsprechende Angebote machen. Welche Erfahrungen haben Sie als Hausarzt bisher damit gemacht?

Zunächst einmal die, daß wir als Hausärzte für die ambulant operierenden Fachkollegen sehr interessant geworden sind. Es ist eine neue Form von Kollegialität entstanden. Man könnte es so beschreiben: am Tag kommen die Pharmareferenten und abends die Operateure, um um unsere Gunst zu werben.

Haben Sie persönlich in der Nachsorge schon Notfälle oder Komplikationen erlebt?

Nein, noch nie. Die Zahl von Komplikationen nach ambulanten Operationen ist mit Sicherheit geringer als der Anteil von Komplikationen bei Eingriffen im Krankenhaus. Das Infektionsrisiko ist geringer, auch die Komplikationsrate bei Thromboembolien ist niedriger. Die Zahl echter lebensbedrohlicher Notfälle ist absolut zu vernachlässigen.

Wenn ein Patient, der gerade frisch operiert nach Hause gekommen ist, dennoch ein Problem hat, wenn er unerwartet stärkere Schmerzen bekommt oder einfach unsicher und ängstlich wird, an wen kann oder soll er sich wenden? An seinen Hausarzt, den Operateur, einen Pflegedienst?

Bei uns ist der Ablauf so geregelt, daß er sich an den Operateur wendet oder an uns - je nachdem, wann ein Problem auftritt. Einen Pflegedienst braucht der ambulant Operierte in der Regel nicht. Eine Ausnahme könnte ein älterer Patient sein, der vorübergehend Hilfe im Haushalt benötigt. Aber im allgemeinen werden ja nur solche Patienten für ambulante Eingriffe ausgewählt, die zu Hause versorgt sind.

Teilen Sie die Befürchtungen mancher Ihrer Kollegen, daß durch neue Angebote wie das ambulante Operieren die Hausätzte bei der Krankenversorgung ins Hintertreffen geraten könnten, daß insbesondere die pflegerische Betreuung auf längere Sicht ganz an ihnen vorbeilaufen könnte?

Nein, überhaupt nicht. Tatsache ist, daß 80 Prozent aller Patienten zuerst Kontakt zum Hausarzt aufnehmen, so daß er die entscheidende Auswahlfunktion hat - sowohl bei der Frage, ob sich jemand für eine ambulante Operation entscheidet, wie bei der Frage für wen. Der Hausarzt wird deshalb auch wesentlich mitbestimmen, welche Operateure oder welche Zentren durch praktizierte Qualität im Wettbewerb überleben.

Ist die Angst der Patienten vor einem Klinikaufenthalt wirklich so groß, wie man hört, oder begeben sich für einen schwierigen Eingriff nicht auch viele Menschen ganz gern in die Obhut eines Krankenhauses?

Diese Gruppe ist auf jeden Fall die klare Minderheit. Die meisten Patienten haben Angst vor einem Krankenhausaufenthalt - und zwar umsomehr, je älter sie sind.

Wo ziehen Sie die Grenze zwischen ambulanter und stationärer Operation? Welchem Patienten würden sie zur Klinik raten?

Wenn sich aus der Ganzheitsanamnese und der bestehenden Krankheitskonstellation ein empirisch und intuitiv erhöhtes Gesamtrisiko ergibt, würde ich sagen: „Ab ins Krankenhaus!" Ein solcher Fall wäre zum Beispiel ein übergewichtiger Raucher mit einer schweren Knieverletzung oder ein Patient, der bereits thromboembolische Komplikationen hatte.

Würden Sie ältere Menschen prinzipiell in die Klinik schicken?

Aus Hausarztsicht gibt es keinen Grund für eine solche Grenzziehung. Es gibt den mobilen Achtzigjährigen ebenso wie den immobilen Sechzigjährigen.

Der Gesetzgeber hatte bei der Etablierung des ambulanten Operierens vor allem die Kostensenkung im Auge; erwartet wurde eine Verlagerung vom Krankenhaus in die preiswerter arbeitenden Praxen. Doch stattdessen erhöhte sich die Zahl der insgesamt durchgeführten Operationen stark. Wird da möglicherweise zuviel, eventuell auch unnötig geschnippelt?

Das Gefühl, daß durch die Neuregelung eine „monetäre" Indikation entstanden ist, läßt sich nicht ganz verdrängen.

Gibt es Beispiele?

Ich denke an den 85jährigen mit Retinopathie und Makula, der an der Linse operiert wird. Hier wissen wir aus den Hausarztgesprächen, daß die Patienten zwar zunächst oft den Eindruck haben, ihre Sehfähigkeit habe sich gebessert, später aber feststellen, daß dies letztlich nicht der Fall ist. Hier gibt es gewisse Differenzen zwischen den offiziellen Statistiken und dem, was wir erfahren. Auch bei Venenoperationen erfolgt eine Indikationsstellung bei vergleichbaren klinischen Bildern heute auffallend öfter als früher.

Noch einmal zurück zum Thema Pflegedienste. Es gibt ja auf diesem Gebiet viele Neuerungen, auch neue Angebote - wie funktioniert die Zusammenarbeit? Ist sie ausreichend geregelt?

Hier muß man unterscheiden zwischen der Gebrechlichkeits- und der postoperativen Behandlungspflege. Letztere hat eindeutig an Bedeutung gewonnen. Dies verlangt von allen Beteiligten eine engere Kooperation und eine optimale Definition der Arbeitsbereiche. Nicht jeder tägliche Verbandswechsel muß mit einem Arztbesuch, einem teuren Transport des Patienten zur Praxis oder einem ärztlichen Hausbesuch verbunden sein, nur um den Pflegedienst außen vor zu halten. Der Pflegedienst kann vieles preiswerter machen als der Arzt - nur muß dies, im Wechselspiel mit dem Operateur, gemeinsam von den Beteiligten festgelegt werden. Wir haben in Lüneburg einen eigenen Pflegedienst gegründet, der von Ärzten und Pflegekräften getragen wird. Seither klappt die Zusammenarbeit sehr viel besser als zuvor.

(Das Interview führte Johanna Eberhardt)

Auswirkungen des ambulanten Operierens auf die Organisation des Pflegedienstes

Interview mit Michael Halbgewachs, Pflegedirektor der St. Vincentius-Krankenhäuser, Karlsruhe

Ambulantes Operieren wird immer beliebter. Viele Patienten ziehen es vor, sich nach einem Eingriff daheim auszukurieren und zu erholen - wie stark ist der Pflegedienst in Ihrem Krankenhaus von diesem Trend bereits betroffen?

Wir führen bisher ambulante Operationen nur im Rahmen von bestimmten Chefarztermächtigungen durch, nicht im großen Stil. Der Pflegedienst ist dabei insoweit eingebunden, als wir aus dem stationären Bereich Personal für die prä- und postoperative Betreuung zur Verfügung stellen. Unser Personal sorgt zum Beispiel dafür, daß die nötigen Labordaten vorliegen, wir geben eventuell nötige Medikamente, legen den Dokumentationsbogen an; wir begleiten die Patienten in den OP und holen sie dort wieder ab. Anschließend bleiben sie, je nach Eingriff, noch einige Stunden auf Station zur Überwachung, ehe sie entlassen werden.

Von da an hat der Pflegedienst der Klinik dann nichts mehr mit diesen Patienten zu tun?

Nein. Nach der Entlassung ist ihr Hausarzt für sie verantwortlich.

Haben Sie dabei bisher schon Probleme erlebt?

Nein, wir hatten bisher keine Probleme.

Heißt das, daß die ambulante Nachsoge ausreichend geregelt ist?

Meiner Meinung nach nicht. Ich gehe davon aus, daß in diesem Bereich die nötige Qualitätssicherung fehlt. Für die Pflegedienste, die hier aktiv werden, müßte es eine Art Qualitätszertifikat geben. Voraussetzung dafür müßten personelle Mindeststandards und feste Kriterien sein, nach denen die Pflegedienste arbeiten. Nötig wäre auch eine amtliche Aufsicht, die es bisher nicht gibt. Die kirchlichen Sozialstationen bei uns arbeiten beispielsweise auf einem sehr hohen fachlichen Niveau. Wir haben in Karlsruhe auch schon eine größere Zahl privater Pflegedienste, die sehr gut arbeiten, aber es fehlt eine Richtlinie, die festschreibt, welchen Qualitätsstandard ein Pflegedienst haben muß und wer diesen bescheinigt. Deshalb habe ich Zweifel, ob diese nötige Qualität zu halten ist, wenn ambulantes Operieren einmal im großen Stil praktiziert wird.

Würden Sie sich denn heute schon ambulant operieren lassen?

Das ist eine schwierige Frage. Aber ich denke, wenn das familiäre Umfeld intakt ist, würde ich es schon machen. Allerdings nur bei kleineren, peripheren Eingriffen, nicht bei Operationen an den Organen, nicht, wenn es in die Tiefe ginge. Da würde ich die Grenze setzen. Ich würde beispielsweise schon für eine Mandelentfernung in die Klinik gehen. Da ist die Gefahr der Nachblutung entscheidend. So eine Komplikation kann lebensbedrohlich werden, wenn man nicht innerhalb der nächsten 15 Minuten in ein Krankenhaus kommt. Das kenne ich aus eigenem Erleben.

Verstehen Sie angesichts solcher Risiken die Abneigung vieler Leute vor einem stationären Aufenthalt?

Ja schon. Man muß im Krankenhaus doch gewisse Einschränkungen in Kauf nehmen. Wenn man nicht gerade privat versichert ist und sich ein Einzelzimmer leisten kann, muß man sich auf fremde Menschen einlassen. Das kann sehr lustig werden - oder auch nicht. Die Probleme gehen vom Schnarchen über unterschiedliche Fernsehgewohnheiten bis hin zu den Besuchen. Man muß schon ein Stück seiner Freiheit aufgeben. Aber wenn ich ernsthaft krank wäre, würde ich auf jeden Fall in die Klinik gehen.

Noch sind ja die Krankenhäuser, auch wegen der schlechten Kostenerstattung, beim ambulanten Operieren sehr zurückhaltend. Aber die Experten gehen davon aus, daß die Zahl der ambulanten Eingriffe auch in den Kliniken deutlich steigen wird. Wie bereiten sie sich darauf vor? Oder lassen sie die möglichen Veränderungen einfach auf sich zukommen?

Sowohl als auch. Wir analysieren durchaus, wie sich die Patientenströme bei uns entwickeln. Wir gehen davon aus, daß wir vor allem in der Augenklinik künftig verstärkt ambulant operieren werden. Da haben wir die räumlichen und personellen Voraussetzungen für den "Tag X" bereits geschaffen. Ansonsten warten wir die weitere Entwicklung ab.

Wie wird sich die Arbeit der Pflegekräfte ändern, wenn immer mehr "leichte Fälle" die Dienste der Klinik nur noch ambulant beanspruchen? Da muß man ja damit rechnen, daß dem Personal auf Station nach und nach die Arbeit ausgeht?

Ja und nein. Natürlich werden die leichteren Fälle fehlen. Dafür bekommen wir aber in Zukunft noch mehr ältere Patienten. Wir bekommen die multimoribunden, die problematischen und die pflegeintensiven Fälle. Das heißt, wir müssen davon ausgehen, daß die Belastung mit Sicherheit zunehmen wird.

Könnten Sie sich auch vorstellen, daß die Kliniken einmal mit eigenen Pflegediensten in der ambulanten Betreuung aktiv werden?

Theoretisch ist das denkbar. Aber ich glaube nicht, daß wir da rangehen werden. Fachlich wäre das für uns überhaupt kein Problem, aber wirtschaftlich wäre das ein großes Wagnis. Die Finanzierung ist ja im ambulanten Dienst keineswegs sichergestellt. Ich glaube auch nicht, daß die reine Pflege im häuslichen Bereich billiger ist als im Krankenhaus. Bei uns ist eine Schwester für viele Patienten da. Wird sie gerufen, muß sie nur von einem Zimmer ins nächste gehen. Der ambulante Dienst muß zu jedem einzelnen Patienten hinfahren. Sicher spart man dadurch gewisse Vorhaltekosten im Krankenhaus. Aber ich meine, man müßte das alles wirklich einmal genau durchkalkulieren. Ich bin überzeugt davon, daß sich dann zeigt, daß eine kompetente Betreuung der Patienten daheim nicht billiger ist als in einer Klinik.

(Das Interview führte Johanna Eberhardt)

Häusliche Pflege

Interview mit Adelheid Teubert, Sozialstation Ludwigsburg

Sind die Sozialstationen und der Pflegedienst dafür eingerichtet und gewappnet, die Pflege von Patienten nach ambulanten Operationen zu übernehmen?

Ich denke schon. In unserer Sozialstation sind beispielsweise 90 Prozent der Mitarbeiter examinierte Kräfte für Alten-, Kinder- oder Krankenpflege. Da können wir die nötige Pflege sicher leisten. Ich stelle mir vor, daß sich die neue Form des ambulanten chirurgischen Angebots nach und nach durchsetzt, d.h., daß wir nicht gleich mit den ganz großen Zahlen konfrontiert werden. Und ich gehe auch davon aus, daß wir es zunächst mit leichteren Eingriffen zu tun haben werden, bei denen es in der Nachbehandlung keine größeren Risiken gibt, so daß wir langsam in dieses Tätigkeitsgebiet hineinwachsen können, - auch im Hinblick auf die quantitativen wie qualitativen Anforderungen.

Wie sind Ihre bisherigen Erfahrungen mit der Nachsorge nach ambulanten Eingriffen?

Bisher ging es für uns nur um einfache Routineleistungen wie Injektionen oder Verbandswechsel. Da war noch keine größere Herausforderung dabei.

Erwarten Sie auf längere Sicht Mehrarbeit oder auch eine Änderung Ihrer seitherigen Tätigkeit?

Im Grunde ist es für uns noch gar nicht absehbar, wie sich das konkret abspielt und weiterentwickelt. Ich könnte mir beispielsweise vorstellen, daß wir mit anderen Versorgungsartikeln arbeiten werden als mit denen, die wir gewohnt sind. Bisher arbeiten wir ja einfach nur mit dem Material, das im Pflegehaushalt vorhanden ist. Künftig werden wir in der Regel steriles Material zur Versorgung der Patienten verwenden müssen. Aber momentan sind wir noch so sehr mit der Umsetzung der Pflegeversicherung beschäftigt, daß wir kaum dazu kommen, über etwas anderes nachzudenken. Für die Nachsorge nach ambulanten Operationen gibt es daher bis jetzt nur wenige Planspiele.

Wer erteilt Ihnen den Auftrag für die Betreuung eines ambulant operierten Patienten?

Die operierenden Ärzte. Vermittler ist der Hausarzt. Wichtig für uns ist es zu wissen, wer im Notfall der erste Ansprechpartner ist. Aber da ist noch nichts geklärt. Es ist möglich, daß es der Chirurg ist. Es kann aber auch der Hausarzt sein. Das muß man immer erst im Einzelfall feststellen. Die beiden müssen sich einig sein, sie werden kooperieren müssen. Doch wie den Laien, so ist auch Ärzten bisher im ambulanten Bereich noch vieles schleierhaft. Tatsache ist, daß wir im ambulanten Bereich weder die ärztliche noch die pflegerische Präsenz haben wie in einem Krankenhaus. Das heißt: in einem Notfall wird es mindestens eine halbe Stunde dauern, bis jemand bei dem Patienten sein kann - und das ist in einem Notfall viel Zeit. Deshalb muß hier sehr vieles vorbesprochen werden. Man muß Behandlungspläne erstellen, die behandelnden Ärzte müssen lernen, was in der häuslichen Pflege möglich ist. Hier gibt es große Defizite. Das sind die Dinge, welche die Ärzte gern beiseite schieben. Nur wenige von ihnen wissen bisher, was genau in der ambulanten Pflege möglich ist und was nicht.

Wer kommt denn, gesetzt den Fall, es tritt bei einem Operationspatienten eine Komplikation auf, und Sie wissen nicht weiter?

Genau das ist eben nicht geklärt. Da heißt es nur, die Patienten bleiben in der Obhut der Praxis oder des ambulant operierenden Krankenhauses.

Sie haben einen solchen Fall noch nicht erlebt?

Nein. Aber wenn so eine kritische Phase eintritt, ist es wichtig, daß ein Arzt dabei ist. Für uns selbst sehe ich vor allem die Erfordernis, daß wir besser erreichbar sein müssen als bisher. Wir sind ja ein mobiler Dienst, wir sind ständig unterwegs, da ist niemand, der nur wartet, bis er gerufen wird. Und dann wird im Notfall ja auch die speziell beauftragte Pflegekraft gebraucht. Das wird für uns eine große Herausforderung. Wir werden auch Schulungen und Fortbildungen brauchen. Zunächst aber werden wir abwarten und sehen, was auf uns zu kommt.

Wie hoch schätzen Sie den Bedarf an ambulanten Operationen ein?

Hoch. Die Patienten gehen nicht gern in ein Krankenhaus. Viele fühlen sich dort eingeengt, eingezwängt in ein System, dem sie ausgeliefert sind. Sie vermissen die persönliche, die individuelle Zuwendung. Deshalb werden viele versuchen, einen Krankenhausaufenthalt zu vermeiden. Es heißt zwar jetzt noch immer: Singles, die daheim niemand haben, der sich um sie kümmert, sind für eine ambulante Operation nicht geeignet. Aber ich glaube nicht, daß man sie auf Dauer davon abhalten kann. Der Prozentsatz derer, die sich für einen ambulanten Eingriff entscheiden, wird sicherlich größer werden.

Im Zusammenhang mit den neuen Gesetzen zur Gesundheitsreform und zur Pflegeversicherung wird viel geredet über die Notwendigkeit einer besseren Verzahnung und Vernetzung aller in dem Bereich Tätigen...

...Aber die ist eben tatsächlich noch nicht da. Ein Teil der Zusammenarbeit zwischen Hausärzten und ambulanten Diensten, zwischen den Kliniken und den ambulanten Diensten klappt gut. Doch wie weit am Ende das Konzept für das ambulante Operieren tatsächlich verwirklicht wird, das wird davon abhängen, ob die Patienten die Sicherheit bekommen, die sie brauchen. Die Voraussetzung dafür ist, daß die Vernetzung überall hergestellt wird und daß sie funktioniert.

(Das Interview führte Johanna Eberhardt)

Autorenverzeichnis

RA Rolf-Werner Bock
Maximiliansplatz 12/IV
D-80333 München

Prof. Dr. med. Gert Carstensen
Bleichstraße 5
D-45468 Mülheim a. d. Ruhr

Priv.-Doz. Dr. med. Michael Edelmann
Arzt für Chirurgie und Gefäßchirurgie
Giradetstraße 2-38
D-45131 Essen

Michael Frank
Pflegedirektor
Caritas-Krankenhaus St. Josef
Landshuter Straße 65
D-93053 Regensburg

Dr. med. Kurt Norbert Gebhart
Manager Franchise Circulation/Coagulation
Rhône-Poulenc Rorer GmbH
Nattermannallee 1
D-50829 Köln

Michael Halbgewachs
Pflegeleitung
St.-Vincentius-Krankenhäuser
Steinhäuser Straße 18
D-76135 Karlsruhe

Dr. med. Heinz F. Jarmatz
Mühlenkamp 1
D-21397 Barendorf

E. Möhlmann
Verwaltungsdirektor
St.-Vincentius-Krankenhäuser
Steinhäuser Straße 18
D-76135 Karlsruhe

Dr. med. Siegfried Rübenacker
Kreiskrankenhaus Langenau
Karlstraße 45
D-89129 Langenau

Dr. med. Lothar Sause
Leitender Oberartz
Akademisches Lehrkrankenhaus der
Universität Göttingen
Diakoniekrankenhaus
Elise-Averdieck-Straße 17
D-27356 Rotenburg (Wümme)

Dipl. oec. Manfred Schmid
Verwaltungsdirektor
Lubinus-Klinik
Steenbeker Weg 25
D-24106 Kiel

Dipl.-Kffr. Dr. Brunhilde Seidel-Kwem
Verwaltungsdirektorin
der Kliniken der Georg-August-Universität Göttingen
Robert-Koch-Straße 40
D-37075 Göttingen

RA Dr. iur. Ulrich Steffen
Baumwall 7
D-20459 Hamburg

Adelheid Teubert
Sozialstation Ludwigsburg e.V.
Schorndorfer Straße 42/2
D-71638 Ludwigsburg

Dr. iur. Peter Udsching
Richter am Bundessozialgericht
Graf-Bernadotte-Platz 5
D-34119 Kassel

RA Prof. Dr. iur. Dr. rer. pol. Klaus Ulsenheimer
Maximiliansplatz 12/IV
D-80333 München

Springer-Verlag und Umwelt

Als internationaler wissenschaftlicher Verlag sind wir uns unserer besonderen Verpflichtung der Umwelt gegenüber bewußt und beziehen umweltorientierte Grundsätze in Unternehmensentscheidungen mit ein.

Von unseren Geschäftspartnern (Druckereien, Papierfabriken, Verpackungsherstellern usw.) verlangen wir, daß sie sowohl beim Herstellungsprozeß selbst als auch beim Einsatz der zur Verwendung kommenden Materialien ökologische Gesichtspunkte berücksichtigen.

Das für dieses Buch verwendete Papier ist aus chlorfrei bzw. chlorarm hergestelltem Zellstoff gefertigt und im ph-Wert neutral.